瑞蘭國際

瑞蘭國際

瑞蘭國際

瑞蘭國際

浪漫遊印度

愛上印度的22個理由

亞瑟蘭 著

推薦序 1

一個內斂但激情澎湃的女子，三番兩次地深入印度，乘著敏感的神經遊行，她以近似旁觀卻又全面擁抱的方式感受印度，寫盡了生活風俗與宗教靈性層面，外人難以理解、對當地人而言卻又稀鬆平常的事。

除了印度，沒有任何一個國家可以用混亂卻又繽紛多彩的文化打動人心；除了亞瑟蘭，沒有任何一個作家可以如此簡單卻又詼諧婉轉的筆調描寫印度。

吹蛇人與魔氈至今猶存，擠身金磚四國的榮耀也掩蓋不了印度人文特有的神祕。咖哩、紗麗、瑜珈、寶萊塢、阿育吠陀與恆河落難的生死體驗，亞瑟蘭以親身經歷的方式，融合感性與知性，導演了一齣齣情節動人的內心大戲。

《浪漫遊印度：愛上印度的 22 個理由》，從這樣的書名與搭配豐富的現場照片看來，除了絕妙散文，這毋寧也是一本全方位推介印度的導遊書，只是它導覽的不是景點而是人文，是心靈體驗而非蜻蜓點水的涉獵。

一直喜愛亞瑟蘭描寫異國情調的散文，她總是毫不掩飾的揭開她的內心世界，從她簡白卻優雅曼妙的文字裡，捕捉內斂、單純卻又無時不想脫殼而出的心情是一種莫大享受。

台灣知名水彩畫家　謝明錩

推薦序2

亞瑟蘭。印象中披著頭紗，猶如我昔時在小亞細亞行過，彷彿依稀的伊斯蘭虔誠的身影……而後拜讀她與巴基斯坦的先生婚緣之書，如同皈依信仰的文字敍寫，讀者也從前三本書中深諳一支好筆的真情實義。

新書以印度作題，正是其來有自的親炙與熟稔的書寫了。服飾和餐飲、生活及土地，印度接壤巴基斯坦的山河，亞瑟蘭絕非是一瞬輕過的旅行者，她深入歷史、民性、悲歡……早已融合並成為內在靈魂的自然自在自得，印度之書的完成，信實而穩健，美麗且深情。

我常會臆想印度大平原壯闊流過的恆河之水，夜來星閃月映，波光粼粼……那麼好筆如亞瑟蘭將如何呈現影與文之美？那是這慧質的心以無上的誠意邀請您，印度相識。

台灣知名作家　林文義

目錄

衣

住與人文

行

育

樂

旅遊

01

楔子——檸檬蘇打男孩

「為什麼以前沒有見過妳？」男孩說。

不，是男孩的眼神說。

「你一直都在這裡嗎？」九蘭回答。

不，是九蘭的眼神回答。

為了阻斷萌生於春天台北城的一個瘤種繼續發芽，九蘭主動請纓外派，與印度同事同行，希望能在印度尋求古老解藥。

抵達首都德里的第二天，當九蘭與同事來到這間由男孩家族經營、名為「朋友」的旅行社兌換印度盧比時，男孩和九蘭都望著彼此同時思索：「過去幾年來，為什麼我們都不知道彼此的存在？」

那是九蘭上班的藝品公司在印度的聯絡站，一家微型旅行社，也是台北許多印度文化人在德里的共同交流中心，位於觀光客雲集、旅館密布的德里之心——「康諾特」（Connaught Place）圓環附近的「卡蘿花園」區（Karol Bagh）。

朋友旅行社的空間，顯然經過縝密設計，雙併門面約莫三米寬，單層建物鑿低半米地基隔出樓中樓，坐在位於地平線之下的櫃檯望看玻璃窗外人車洪流的視線角度，恰如小孩站在地下鑽道的玻璃牆外盡收海底世界的遼闊；只要推開那扇貼滿各國航空商標的入口門，所有旅客，還未踩下階梯，便能與羅列三部電腦的長桌櫃檯前鎮居龍首方位的男孩正正對上。

差旅印度多年，九蘭或許曾與同事們來過，卻不曾與男孩遇見過；也或許，曾經擦身而過。

那晚，結束白天的採購工作後，男孩邀請他們到兩條街外新開的中國餐館晚膳。

位於二樓的餐館，才走到樓梯口，已可感到震天價響的寶萊塢靡靡樂音就要把整個屋子炸開的氣勢；昏朦而迷離的霓虹燈彩，在白煙冷光中，紫藍粉綠閃爍著，若非櫃檯旁的木雕屏風掛了個大大的紅色雙囍剪紙，菜單上確確實實寫著「Chinese Cusine」，沒有人看得出這是個中華餐館。

男孩熟門熟路，一坐定，便喚來服務生，連菜單都不用翻地，直接在蓄著山羊鬍的印度侍者耳邊交代菜色。

同事率先離席，迫不及待到洗手間洗淨一整天在混濁市區裡的撲身風塵。

四人餐桌，只剩九蘭與男孩的空檔，男孩再次炯亮著眉目，盯視九蘭，渴望搜尋到一些什麼。

在台灣做飯嗎？男孩問。不，我只負責工作，不做飯，印度男人做飯嗎？九蘭質疑。

女人才做飯，妳應該學的。男孩爽朗而斷定。你也應該學，萬一哪天遠離印度，去國他鄉，才不會餓著了。九蘭不置可否反駁。不，我們男人不做飯的。男孩跋扈而堅決。

男孩給九蘭起的楔子，直接就是男人與女人誰該做飯。

當侍者送上冒著剔透白泡的透明汁液、杯底浴著薄荷綠葉的高腳玻璃杯時，從台北到德里一路沉鬱的九蘭，總因微小細物而竄動的活躍細胞，瞬間燃起。

「這是什麼飲料？」九蘭不再深鎖眉頭地問。

「Virgin mojito。」男孩的印地語，九蘭其實沒聽懂，只從味道裡判斷出是檸檬蘇打。

「真好喝！」輕吮之後，九蘭發自內心讚嘆。

往返印度的歲月裡，九蘭跟著印度同事們喝過的涼飲，除了一樣是透明色彩而個性溫甜的七喜外，只有濃烈刺激的褐色可樂和抹不去化學印記的橘色雪碧；偏偏，由於工作壓力導致體質陰虛、飲冰必咳，九蘭對於涼飲向來只能抿嘴淺酌，冰飲更是多年未碰，以至於後來差旅印度，便都只飲白水；往返台印不知凡幾，首次嚐到這隱匿初戀般滋味的沁涼酸甜，

杯底浴著薄荷葉的檸檬蘇打

一股幸福感油然而生。食療勝於心療，九蘭忘懷地拋開醫生警語，咕嚕嚕一口氣喝見了底。

「為什麼以前從沒介紹我喝這麼棒的飲料？」同事正從洗手間返回座位，九蘭頓覺過去對印度飲品竟是一片空白地洶問。

同事認為這沒什麼好解釋地無法回覆，解渴的仙露不是冰水就是可樂，是幾位共處的印度男同事們，從沒質疑過的人生。

中國餐館的初體驗之後，在男孩帶領下，他們又繼續一起啖過義大利餐館、西藏餐館、印度餐館；不同的餐館，等級或高過低，或本地料理或異國風情，沒有例外地，男孩總在餐前先來這麼一杯浸有印度薄荷、散發清新草味的檸檬蘇打。

不知不覺，九蘭就被這有著特殊印記的印度涼飲制約了；整趟旅程裡，每個豔陽炙烈的白天，都不禁惦記那麼一杯有著男孩映影的薄荷檸檬蘇打。

很快地，九蘭也被男孩的眼神制約了；只要是兩人交會的時刻，無論如何閃躲，男孩的眼神從沒放棄過探索九蘭。

「我想進去妳憂傷眼裡的故事。」男孩說。

不，是男孩的眼神，熱切地說。

「放棄吧，那個地方已經住了別人。」九蘭回答。

不，是九蘭的眼神，絕決地回答。

兩雙似曾相識的眼睛，從相遇的那一刻起便一見如故，彼此追逐，彼此糾纏，竟是誰也不放過誰；每個結束彼此工作的夜晚，斜對而坐，靜默用餐，是彼此眼神交會的火花最為燦爛的時刻。

四季可見的印度奶茶攤

一個月的印度行旅，轉眼來到最後一天。

最後一天，九蘭選擇獨處，不與同事繼續倥傯地奔走在德里雜沓的人間；走出旅館後，以朋友旅行社為中心，她信步在附近的市集晃蕩，還發著芽的瘤種，解藥沒有找到，她尋思著回到台北城後，將該如何繼續療癒。

晃著蕩著，毒辣的太陽讓汗水淋漓的九蘭想起，應該給自己來杯檸檬蘇打當作印度此行的告別。

晃著蕩著，走進冷氣凜人的肯德基又走回炙熱的盛夏大地後，九蘭看見幾個穿穆斯林保守黑袍的女人簇擁在路邊攤販，也都暢飲著玻璃杯裝的檸檬水；九蘭慢慢走進這群女人，不可置信地發現，留下玻璃杯時，每個女人都只掏出一個銅板就算付了帳。

九蘭愕然地指向玻璃杯裡的透明涼飲，問著攤販老闆，「一杯多少錢？」

「兩盧比。」少年郎老闆看著九蘭手上的塑膠封膜杯，悻悻然回答。

九蘭困惑，她手上印著KFC字樣的那杯，是五十一盧比從肯德基買來的。

九蘭又想起男孩那杯口裝飾著果雕的檸檬蘇打，那是多少呢？

該給他帶上一杯嗎？

九蘭尋思，踟躕。

晃蕩著踟躕，晃蕩著踟躕，終是作罷。

在充斥階級藩籬、男女隔閡與宗教禁忌的國度，無論如何，九蘭不允許自己單獨去會男孩這一面，就算男

印度特有：拉西專屬陶杯，只用一次，飲完隨即打破

左：肯德基的塑膠杯裝檸檬蘇打
中：街頭販賣檸檬水的小販
右：椰子水

孩的辦公室還有其他員工與川流不息的訪客也不行。

與同事一起前往機場時，私家出租車在朋友旅行社的辦公室門口停下；九蘭沒有下車與同事一起去向男孩道別，她只是抬眼，穿過出租車的玻璃車窗與那道貼滿各式航空商標的入口玻璃門窗，隔著兩道模糊，為望不到那雙不屬於自己的眼神惆悵。

即使在心裡，九蘭也沒向男孩說過再見。

因為，沁涼酸甜仿如初戀滋味的檸檬蘇打，已經在九蘭的生命裡，烙下永恆的透明記憶。

拉西專賣攤

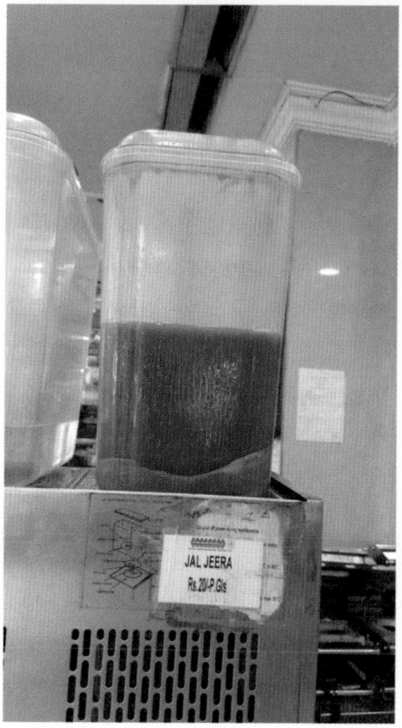

上：　果汁專賣店在城市裡也是四處可見

下左：茴香飲料：一種加了茴香的飲料，口感偏鹹

下右：各種色素飲料，你可喝過？

食

過去，總聽說印度食物如何不乾淨、如何不衛生、多少人去印度都拉肚子，就連印度朋友也都怕我水土不服，盡帶我出入高級餐廳，因此，我便也理所當然把自己框限在一個免受風險的安全鏈裡，因此錯失的印度美食，不知凡幾。

民以食為天，來到印度，絕對不是只能吃咖哩，食物本身就是一種記憶，就讓喜愛印度的朋友們，一起用共同的食物、共同的味道，來記憶共同的印度。

02

吃飯皇帝大——印度只能吃「咖哩」？

「那個盤子裡，裝的是什麼？」

是在回到台灣後，回顧那三千九百多張印度照片時，由於看不清楚新娘手中捧著一盤咖啡色豆類的不知是什麼，所以，我傳了訊息問葛兄弟。

「炒麵！」

葛弟弟天外飛來一筆，那答案真是叫人既甜蜜又心酸。

「別太想我啊……上星期剛吃了一盤，不過沒有你們買給我的好吃。」

我發出一張台式素食烏龍炒麵的照片，除了證明自己所言不虛外，也算是默認，面對那盤炒麵當下，其實我也是想念著他們的。

印度咖哩，舉世聞名，遊過印度，誰不是帶著對印度咖哩的各種酸甜苦辣、愛恨糾葛等回憶離開，怎麼我和葛家兄弟的共同食物回憶，卻竟是炒麵？

可不是，外國的月亮再怎麼圓、異國料理再怎麼美味，都抵不過家鄉的一盤炒麵哪！

人在異鄉，最怕就是水土不服，印度咖哩當然好吃，但是，天天吃咖哩，中華胃也是會抗議的；我並不排斥咖哩，不過，寄住葛家期間，所有飲食、作息，全都跟著葛家一起，早餐是咖哩配烤餅，中午是咖哩便當，晚餐回到家依舊還是咖哩大餐，連我這個已經開印度餐廳十年、早已習慣印度食物的老胃都受不了，更別說不習慣印度咖哩的普羅大眾。

那實在受不了印度咖哩的辛辣、對咖哩的辣嗆已經心生絕望的時候，怎麼辦？

幸好，由於葛家是標準的經商家庭作息，早餐都在十一點左右，然後出門上班；三、四點在辦公室用過午餐後，再等到下班回家，晚餐時間通常已經十一、二點了；由於午餐和晚餐的間隔很長，因此，每每到了七、八點，便是整個辦公室的「點心時間」。

上：炒麵是印度很普遍的一項中式食物
下：印度上班族的午餐便當盒

平常葛家兄弟吃些什麼我並不知道，但既然他們總是問著我想吃什麼，我便也總是回答：「炒麵」，除了我原本就真的很喜歡吃炒麵以外，其實也是因為，這是他們唯一知道的中式食物；於是到了後來，他們也就不再問我想吃什麼了，只要點心時間一到，只要他們自己也想不出來要吃什麼，就直接叫來一份炒麵，大家分著吃，冬天時候，甚至還天天配著又鹹又膩的玉米濃湯。

我就這麼三天兩頭吃著炒麵，直到有一天，葛哥哥大概受不了老是吃炒麵，所以，除了炒麵外，又多點了一份很有中式蛋炒飯意境的「biryani」（炒飯）。

第一次看到時，我二話不說，放棄炒麵，直接扒起炒飯來；這下子，葛哥哥和葛弟弟全都抗議了，「妳自己不點炒飯，每天就只會炒麵炒麵，現在幹嘛來和我們搶炒飯！」，「那是因為我只知道有炒麵啊！你們從來沒有人告訴我，原來還有炒飯！我也會偶爾想要換換口味啊！」

是的，民以食為天，來到印度，絕對不是只能吃咖哩，尤其身為旅遊者，三餐在外，如果吃得不如意，不僅會苦了腸胃，可能還會敗了遊興，因此，隨時向自己的導遊或地陪反映，是一定要的；現在已經有越來越多華人到印度經商了，印度人對於中式食物，也漸漸有了概念，許多印度餐廳裡，甚至都有中華料理（Chinese Cuisine）這個選項，雖然未必百分之百道地，但，聊勝於無，絕對可以適時撫慰我們一顆中華胃！

除此以外，義大利麵也是另外一個清淡選擇，通常會有紅醬與白醬；紅醬口味的原理，基本上和咖哩差不多，辛辣鹹，所以我總選擇白醬，因為，如果要選紅醬，吃那既不道地、又同樣會讓思鄉胃低聲嗚咽的四不像義大利麵，那還不如就吃印度咖哩啦；沒辦法，雖然西式速食連鎖已經在印度陸續開起分店，麥當勞、肯德基、星巴克、潛艇堡……等，都已經可以在大城市裡找到，然而，印度就連漢堡也是飽填綜合香料、讓人差點想逃的印式口味哪！

上 1：各式北印常見烤餅
下 1：北印常見素食料理——馬鈴薯花椰菜（Aloo Gabi）
下 2：印度咖哩基底通常包含各式蔬果，營養豐富。
下 3：北印常見葷食——雞肉咖哩（Chicken Cuisine）

回想起來，在完全接受印度食物之前，我不僅過著帶泡麵遊印度的日子，甚至，曾經一餐只吃五片印度薄餅配白開水，是什麼時候才開始融入印度飲食，如今已經不復記憶，但總之，在踏入印度這片如謎的土地之前，一定要先給不習慣重口味異國料理的朋友，打上這麼一劑預防針！

當然，只要可以跨過飲食不習慣這個大關卡，那麼，會有一整個印度料理天堂等著你哦！

各式形狀的多沙

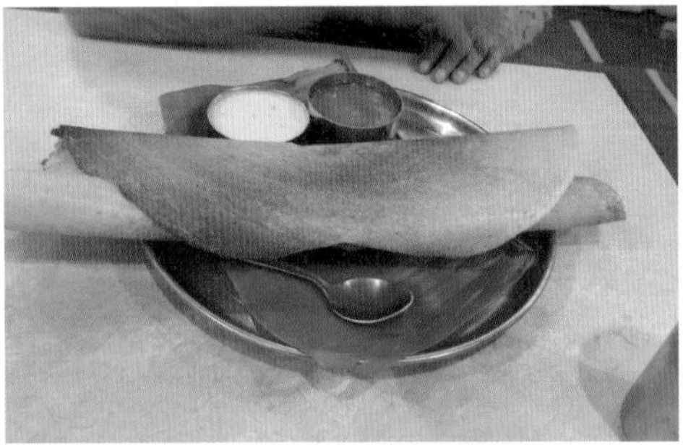

左：各式形狀的多沙　右：以洋蔥為基底的多沙

全世界大概沒有哪個民族像印度人這樣，對自己國家的食物那麼執著了；在印度，其實沒有「咖哩」這個詞，我們這些外國人口中的咖哩，都是綜合香料的總稱；走進印度家庭的廚房，你會發現，每一家都有自己的瓶瓶罐罐，每一個瓶瓶罐罐裡，放的都是各自不同的香料，茴香、八角、荳蔻、芫荽仔……以及各式已經研磨好的綜合香料粉；印度家庭主婦做菜時，總憑個人喜好，放入分量各自不同的香料，這就像台灣家庭主婦一樣，每一家都有各自的味精、醬油、醋、馨香油……等調味罐，於是，每一個孩子都有自小被媽媽養成的味蕾神經，所謂「媽媽的味道」，是真有那麼一回事的。

雖說都是印度料理，但其實印度國土廣袤，各省邦之間，又都有各自的料理特色，就像貴為世界四大美食國度的中華料理一樣，雖說都是中國菜，但其實各地特色不同，川菜、粵菜、湘菜、浙江菜……各有風味。

本來以為想要品嚐印度各地料理，大概也得跑盡印度天南地北才行，意外地，就在首都新德里的印度餐廳裡，竟看到「海德拉巴」、「喀什米爾」、「拉賈斯坦」等提供當地食材的各地特色料理，那當然要先嚐為快了，許多菜單上的名字，果然有別於一般餐廳，仔細一嚐，也果真風味別具，這才知道，關於印度料理，過去實在是以管窺天呀！這些特色餐廳，大都位於市區中心，一般觀光客或許未必能夠抵達，但若是自由行的朋友，就很容易可以找到，無須特別搜尋，只要隨便走進一家略有裝潢的餐廳，都能給你意外的驚喜！

至於重口味又勇於嚐鮮的的朋友，一定不能錯過南印料理，因為，相較於普遍常見的北印料理，南印只有更鹹、更辣，而且，各式南印主食——「多沙」（DOSA）的造型與外觀，實在有趣，光是視覺，就足以引人掉入美食漩渦。

曾經滄海難為水，吃印度香料長大的小孩，通常很難再接受沒有辛香味的日子，好胃蘭向來自詡不挑食，總是有什麼吃什麼，是個不懂美食的粗枝大葉，沒想到，在葛家住了一整個冬天，三餐都吃葛老媽料理的結果，在回到台灣後，竟有整整兩個月，食不知味；到底是想念那「媽媽的味道」，還是想念那一家人圍在餐桌上的感覺，自己也說不上來。

食物本身就是一種記憶，就讓喜愛印度的朋友們，一起用共同的食物、共同的味道，來記憶共同的印度吧！

美食指南

一、北印料理特色：

主食是烤餅，搭配各式所謂的「咖哩主菜」。烤餅以已發酵的 NAAN，和未發酵的 Roti、Chapati 為主；另有包著內餡的 Paratha。

二、南印料理特色：

主食「多沙」（Dosa），做法是將混有米、豆的麵糊倒在油鍋上，煎成薄餅狀後，再加入內餡，以其各式誇張造型為特色，原理有點像是法式可麗餅。
不同地區的多沙，也有口味上的不同。

一般常見的北印風格套餐擺盤

左：各式炭烤也是值得一嚐，圖為素食炭烤

右上：海德拉巴炒飯，細長的印度米，既Q且軟，口感有別於旁遮普產區相對乾硬的長米

右下：喀什米爾特產——蓮藕料理

襯有香蕉葉的南印風格套餐擺盤

03

管他浪漫與否，只要給我水汪汪——水果哥

二〇一六年底，剛到印度的前幾天，天天在寄住家庭吃葛老爹買回來的蘋果，當時沒感覺到幸福，因為，我一天要削六、七顆，削到手掌都變粗、脫皮了，而葛老爹他自己就吃三、四顆。

開始到葛老爹開的旅行社實習上班後，經常早出晚歸的，連著好幾天沒吃水果，這才發現維他命有在缺。

雖然葛老爹三不五時還是會叫人切好蘋果送來辦公室，但，他也是有忙到沒空進辦公室的時候，於是，我便討著葛兄弟要蘋果吃；葛哥哥叫我直接到辦公室正對面的水果攤買，而且特別交代不用付錢，我這才知道，原來，店面商家們和街道周邊的小攤販，自有一套他們的結帳方式，原來，吃水果是這麼簡單的事情。

跑到辦公室對面，站在賣水果的四輪推車前，仔細一數，蘋果、芭樂、橘子、草莓、棗子、木瓜、香蕉、綠葡萄、紫葡萄……，小小一個水果攤，貨色雖不至於琳瑯滿目，卻也繽紛多彩，水汪汪。

有了這麼多選擇，我自是不肯再只吃蘋果了；一看到那迷你冬瓜模樣的綠色葡萄，毫不猶豫抓上一串。

那是印度品種的無籽葡萄，因為常吃，所以我是知道箇中美味的；望著其中幾串皮色已經轉黃，彷如面撲白粉、出水姑娘醺然模樣的小巧葡萄，腦海很快穿梭時空，畫面來到旁遮普鄉間的小市集；記憶裡，香甜四溢的葡萄串上，還飛撲著一隻隻肚腹肥碩的大黃蜂，你甚至得跟牠們爭相品甜呢！

上： 水果哥和他琳瑯滿目的水果攤車

下左：彷如面撲白粉、出水姑娘醺然模樣的紫色葡萄

下右：洗葡萄。旅遊在外不方便，可以請水果攤商用磅桶盛水讓你洗水果。

左：印度的石榴很甜、很紅、很便宜
右：印度芭樂甜度雖高，但通常又小又軟。

畫面再切到台灣，但見家樂福架上，一包包已經規格化、貼有印度無籽葡萄標籤的塑膠袋，品相未必有眼前的姿態可愛、嬌嫩欲滴，售價卻是數倍之上的高不可攀；於是，我更告訴自己，如此脾性溫潤的珍果，近在眼前、垂手可得，一定要努力吃個夠。然後，我就這麼連吃著好幾天的葡萄。

時值冬天，冷颼颼，但我依舊堅持葡萄要一顆顆洗過，畢竟，民情不同、品種有異，在印度這裡，可真正是一個吃葡萄不吐葡萄籽，大家都是連皮整顆直接吞下的；因此，不管將那蒂上的葡萄一顆顆拔下、再又一顆顆經手淘洗是怎麼樣地繁瑣，冰涼的水穿流雙手時又是怎麼樣的冷冽，但，只要看著那層皮粉，我就犯上強迫症似地，務將皮粉搓淨為止。賣水果的水果哥雖看我行徑怪異，卻也總和一旁的其他小販一起看得有趣。

不只葡萄，從草莓、蘋果到紅石榴，我都有自己一套洗法、切法乃至於剝法，不讓水果哥操刀；君不見，第一次向水果哥買蘋果時，我指著他幾乎發黑的雙掌，要他先洗手才可以幫我削蘋果，沒想，不洗還好，這一洗，他手上的汙垢全糊了，竟把蘋果沾成一片片黑漬，叫我尷尬地不好意思叫他停手；自那天起，我便不讓水果哥切蘋果了，而水果哥也樂得輕鬆，從此只站一旁充當助手。

說到水果價格，則是另一番買水果不知水果價的故事。雖然葛哥哥讓我把帳記在葛家辦公室上，但我並不是一個愛佔便宜的人，既然知道買水果是如此簡單的一件事，所以，只在葛家記一次帳，從此，我便自己拿著錢包出去買水果了。

因為語言能力也不是那麼好，所以，對於不知價格的東西，我總習慣拿鈔票讓對方找，如此便可省去所有語言溝通的過程，只等著對方算好、找錢即可；但，隨著找回來的零錢越來越多，皮夾越來越笨重，於是，有那麼一天，我直接從錢包掏出一張百元盧比，便跑去找水果哥買葡萄，當水果哥問著要買多少時，我也不答話，直接將一百元鈔票給他，我的肢體語言說著：「就買一百盧比這麼多。」

這下有趣了，不過就是前一天的事情而已，水果哥兩顆蘋果要賣我一百盧比，簡直比台灣還貴，大概自知良心不安，在我轉身離去時，又找了二十盧比給我；於是，這次收下一百盧比後，他停頓著肢體想了想，竟也不用秤，直接就抓起一大串葡萄遞給我，那分量和他之前秤給我一百八十盧比的一樣多哪！

漸漸地有那麼一天，我趁著出門透氣，順便向水果哥買紅石榴，水果哥大氣地要我買一公斤，我也爽快說好，因為是臨時起意，身上沒帶錢，因此，在水果哥說完一公斤一百四十盧比後，我也馬上回去掏錢；就在我跑回辦公室再拿錢出來時，卻竟聽到水果哥正在答覆另一位印度買客：紅石榴一公斤一百五。

已經站在一旁準備剝石榴籽的我，低頭轉目，就這麼斜眼瞥看那位印度過路客開始將石榴一顆顆挑上磅桶，並在心裡暗自發楞：「該怎麼說這印度人情啊？與你不熟的時候，能怎麼坑你就努力坑，一旦熟起來，對你竟比本地人還好？」

就這樣，我再沒問過水果哥這個怎麼賣、那個怎麼賣，但，只要去葛家旅行社上班的日子，幾乎天天吃著水果哥的水果；我從來不知水果哥幾點上班、幾點打烊，因為，當我在下午一點左右來到辦公室時，他總已經開張；而當辦公室在十點半拉下鐵門時，他也總還堅守崗位。

與水果哥這段君子之交淡如水的相遇，我們由陌生而熟稔；我們從只存在利益關係的交易行為，衍伸為互相關照的生活夥伴，我關照他的經濟，他關照我的營養補充，我們雖無法建立長久的親暱聯繫，但我們都知道，彼此已是生命不可抹滅的一道深刻痕跡。

旅遊在外，補充維他命C，保持好體力是一定要的，在印度路邊，四處可見像水果哥這樣推著四輪車定點販賣的水果攤，他們的水果，幾乎都是當季產，新鮮看得到，買起來也很方便；不過，由於氣候關係，印度水果大多瘦小，水分不多、甜度不高，並不是一個以水果聞名的國度，除了芒果與無籽葡萄外，甚少還有可以對外說嘴的水果；但，凡事只要發展到極致，便也成為顯學。

例如：印度將芒果這項在世界富有盛名的特產發揚光大的結果，不僅開發出高達四百多個品種的芒果，甚至，每年還舉辦芒果節，宴饗各地饕客；不說大家不知道，就連印度服飾千奇百怪的符號裡，其中最常見的一個圖騰，因為腹圓而肥、尾細而倒勾，因此總被誤為是變形蟲的那個標誌，它的真正原型，其實是芒果呢！我就曾經在機場看到當地人帶著整箱芒果闖關，結果當然是超重費比售價貴上數倍，只能忍痛扣下，魅力可想而知。因此，來到印度，一定要品嚐此地的當季鮮果，不僅讓自己可以在旅途上維持水噹噹，返國後也還要扼腕怎麼沒能帶上幾箱回家。

印度進口蘋果，上面通常都有貼進口標籤。

倒是，現代印度經濟起飛，許多水果也已經開放進口，因此，不同時期來到印度只能品嚐不同季節水果的景況，已經不再。不只超市，就連水果哥這樣的小小四輪推車，也能見到進口水果。仔細一瞧，你也許會發現，到處都有美國蘋果、大陸蘋果跟著水果哥的四輪車滿街跑哦！

有機會來印度旅遊時，抬望眼仔細瞧瞧這些滿街可見的水果攤商吧！他們可以只是一個個在印度龐大經濟體底層求生的陌生人，可以只是你鏡頭下的浮光掠影，然而，只要張啟一雙浪漫的眼睛看待，他們其實都是一個個有靈、有血的水果哥。

美食指南

春夏特產：

芒果、哈密瓜、西瓜、荔枝、李子……

秋冬特產：

蘋果、柿子、草莓、石榴、柑橘、棗子……

四季可見：

香蕉、甘蔗、芭樂、葡萄、木瓜……

上：水果哥從早到晚的姿勢幾乎都一樣
中：公路休息站也可以看到水果小販
下：漫天風沙中的水果，好不好吃見仁見智。

04 西藏饃饃已成印度街頭小吃？——印度四秀篇

那天，由於葛老爹對台印文化差異的不認同，無法理解為何一個女子要單獨在印度長住，不僅對我大發脾氣，還要我即刻返台。

對於他前一秒還把我當掌上明珠，後一秒卻可以翻臉不認人，彷彿要把我踢出家門似的嚴厲，我一時臉薄，也難以解釋，拉著行李箱，也就離開，在葛老媽、葛哥哥與葛弟弟三人的掩護下，入住旅館。

所有委屈與武裝，都在闔上旅館房門的那一刻，轟然迸發；趴在旅館床上，我把枕頭哭濕了一片，直到哭累了、睡著了。

醒來時，已是午後，葛哥哥傳來簡訊：「午餐便當盒已經在辦公室等妳。」

一想起每天早晨一起上班、中午一起共享葛老媽午餐便當的和樂情景，眼淚撲簌簌又掉了下來；然而，葛老爹的鐵血面孔一浮現，便又負氣起來。「已經吃飽了！」我硬骨地回覆。

「午餐便當盒已經在辦公室等妳。」葛哥哥又重複了一次。

「我已經吃飽了！」我繼續耍硬。

我的硬骨是假的，早在一點多哭累、醒來時，我便渾渾噩噩在旅館吃過一些東西，是真的不餓；葛哥哥的硬骨是真的，在辦公室上班的他，總是埋首苦幹，不知時間流轉。

「今天我也想考驗一下自己的能耐，看看我能餓多久。」在中國人十二生肖裡屬牛的葛哥哥，牛起來的脾氣，經常叫人沒轍。

眼見再任性下去，折磨的是葛哥哥，於是，「今天我想吃西藏饃饃。」我終於回覆。

在異鄉遇到委屈時，不經意說起家鄉話、想起家鄉食物，應該是人之常情，不知為什麼，當時的味蕾記憶，衝出口的竟是饃饃。

左：印度的西藏饃饃初體驗，便是在這家餐廳。
右：正統西藏餐廳裡的水餃造型蒸饃饃，醬料也是中式辣醬。

「媽咪的便當已經在這裡，妳先來吃一些，晚一點再帶妳去吃饃饃。」葛哥哥像哄小孩似的。

眼見已經快五點了，葛哥哥還為我餓著肚子，再要耍脾氣，便是自己不體貼，我沒再回訊，趕緊整裝、快步走到辦公室，默默陪著葛哥哥午餐；而他也依照約定，午餐後不久，立即帶我出門，去找西藏饃饃。

饃饃，一種源自西藏的麵食，口感類似水餃，有做成小籠包模樣，有做成水餃模樣；有素食，有葷食。

第一次吃饃饃，是在印度的西藏餐廳，當時還配了一碗中式熱湯與一盤小辣醬，餐廳不僅菜單用中文寫成，就連老闆和工作人員，也是地道的西藏人；那次的饃饃美味，是行旅印度多年，在印度咖哩之外，第一次吃到的「中式」美食，說起來，也是第一次在印度被所謂的家鄉味療癒，也因此，印象

上：路邊攤印度人賣的蒸饃饃

下：走在印度街頭，張大眼睛瞧，只要看到蒸籠，就知道有饃饃。

特別深刻；在那之後，我又在印度餐廳嚐過幾次，饃饃總是我在吃膩咖哩時，可以稍解鄉愁的極佳療癒。

原以為葛哥哥也會帶我往附近餐廳去找西藏饃饃，沒想，走著走著，我們來到捷運附近一個小攤子；不過一米半寬的攤台，隱在湧動的人潮中，若非你早知道那裡有這樣一家賣饃饃的，幾乎是兩步路就錯過了。

我還沒回神，便看到老闆娘已經掀起蒸籠，撿著一顆顆小籠包形狀的饃饃，捧在手上的免洗盤，準備給我；光看那蒸氣騰騰模樣，還沒嚐到嘴裡，便被眼前視覺攫住。原來，視覺也會帶來美味。

然而，真嚐到嘴裡時，卻發現那味道與我記憶中的饃饃，相差甚遠；不知是記憶美味，還是期待值太高，只吃半顆，我便食不知味地打包起來，無法評論，畢竟，人家也是生意興隆的。

倒是葛哥哥看我一副沒有被滿足的嘴饞模樣，隔天，不知從哪兒又叫來一盤饃饃，是水餃造型、起司口味的；這次的起司饃饃，放到口中之後，濃郁的口感與香氣，味蕾立即有感，我連吃好幾顆，欲罷不能，這才肯定絕對不是自己嘴刁；再想起前一天的捷運饃饃，便覺得應該是印度人不懂饃饃，反正，只要附上一大盤複合香料醬，印度人便能蘸著吃開懷了。

在知道西藏饃饃儼然已是印度街頭小吃後，再到外面閒逛時，饃饃蘭便睜大眼睛四處找饃饃，後來發現，除了炸饃饃、蒸饃饃外，竟然還有炭烤饃饃。它的原理就和乳酸炭烤雞一樣，需用特殊的香料優酪乳將饃饃醃過，再放入炭烤爐火烤；那功夫可不簡單，這饃

馬鈴薯泥餅

炸馬鈴薯塊

咖哩餃、炸三明治

各種口味的檳榔

炸蔬菜丸

炸酸奶麵球

饃小小一顆，我們光拿著咬一口，可能就把內餡散滿地，可炭烤師傅卻得用鐵叉將饃饃一個個串起，並要能讓饃饃不會在炭烤爐裡散開，所以，不管是捏饃饃的師傅，或是烤饃饃的師傅，皆得有些真本事才行呢。

葛哥哥自己是個美食主義者，見我在眾多印度街頭小吃中，竟只挑著饃饃吃，突然有感我對印度食物的孤陋寡聞，這接著，便帶我品嚐起各式真正的印度街頭小吃來。

旁尼普力（Pani puri）、馬鈴薯泥餅（Aloo Tiki）、炸馬鈴薯塊（Aloo Tuk）、咖哩餃（Samosa）、炸蔬菜丸（Pakora）、炸三明治（Bread Pakora）、烤番薯（Shakar Kandi）、炸酸奶麵球（Dahi Bhalla）、檳榔（Bang）……，在那年冬居的最後一個月裡，葛哥哥帶著我品嚐過的印度街頭小吃，絕對是過去十餘年的總和有餘。怕印度街頭小吃看頭不夠，有一天，他甚至專程帶著全家到一個小時車程外的古爾岡一個夜市，讓我領略印度式的街車美食；那天，晚上十一點猶仍熱鬧的夜空下，不僅看得到德里市區難得一見的星空點點，放眼看去，二十幾輛由公車、卡車、貨車、發財車……等各式廢棄車輛改裝而成的美食車，繽紛耀眼，各有特色，直叫人大開眼界。

過去，總聽說印度街頭食物如何不乾淨、如何不衛生、多少人去印度都拉肚子，就連印度朋友也都怕我水土不服，盡帶我出入高級餐廳，因此，我便也理所當然把自己框限在一個免受風險的安全鏈裡，從不敢嘗試在那之外的食物，因此錯失的印度美食，不知凡幾；總算，在葛哥哥引領下，雖不至於因此嚐遍所有印度街頭美食，卻也已經可以喊出一些耳熟能詳的印度小吃來了；甚至異想天開地想：光是印度街頭美食，或許就能規劃出一趟印度主題之旅呢。

當然，街頭小吃，也就是還得跑到街頭才吃得到，但旅行途中，哪那麼方便，說停就停、想吃什麼就吃什麼。

來看看我們葛哥哥放在辦公桌上的點心盒，果干、餅乾、各式速食點心……，只要工作累，心血來潮，隨時打開那個仿如哆啦A夢口袋般的鐵盒子，隨時都有不同驚喜；在葛家旅行社實習的日子裡，我們就經常這麼你傳給我、我傳給你，一輪下來，一包點心也就吃乾抹淨，既滿足生理上的嘴饞，又提升各自的工作效率，功用就像台灣的洋芋片、乖乖、科學麵、可樂果……一樣。

左上：印度街頭最常見的街頭小吃攤——旁尼普力
左下：炸三明治
右：烤番薯

上：街車美食
下：到處可以看到販賣各式零食的雜貨店，隨手可買

中國古代的人，會用木製盒或漆器盒裝零食，一般分成四格，可裝四種不同點心，叫做「食四秀」。四秀蘭在印度發現了異曲同工的生活小曲！

各式塑膠包裝零食

有了辦公室的靈感激發，於是，終於有機會出門旅行時，我便也不忘在行囊裡放幾包零食，抱著郊遊的心情，享受一趟童心未泯的旅程；沒想，不僅我有此童心，就連同行的葛老媽也帶著好幾包洋芋片呢！

在異國旅行，最怕水土不服，如果味蕾可以融入當地，那是再幸福不過的事了。來到印度，如果真的無法適應印度食物，那麼，這些塑膠包裝的零食，也是不錯的選擇。現代印度，早已不是大家想像中那般落後、骯髒，因此，千萬別和饃饃蘭一樣，被早期旅遊書唬得什麼都不敢嚐、什麼都不敢吃，如是錯過印度街頭美食十數年，實在不值得！

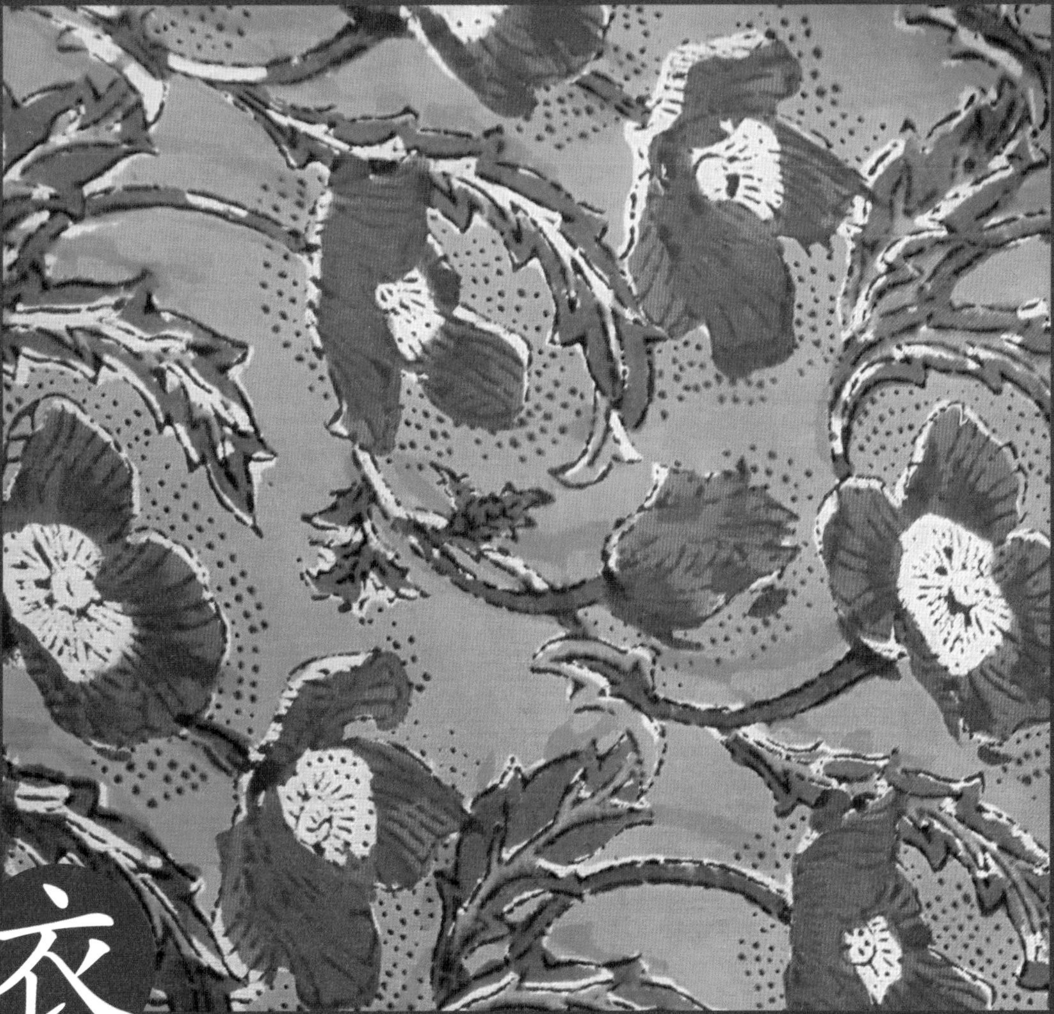

衣

在印度各大觀光景點，睜大眼睛仔細瞧，你會發現，盛裝打扮、出門冶遊的印度女郎們，或穿傳統服飾，或著現代時裝，爭奇鬥艷、好不熱鬧，置身其中，總讓人目不暇給，彷彿穿梭於傳統與現代之間，一個轉身，就是一個不同時代的身影，穿越劇活生生在眼前上映。

因此，有幸在這樣一個特別的時代來到印度，除了體驗傳統紗麗外，怎能不跟隨印度時尚腳步，順便體驗一下她們彷如天天在演穿越劇般的各式服裝秀呢？

05

穿一首詩在身上，許自己一個玫瑰人生——紗麗

為了參加一場婚禮，在販賣印度紗麗、為別人採購印度紗麗將近二十年後，終於，有那麼一次，我是為自己而走入紗麗專賣店，試穿了一件自己想要的紗麗。

那是一件嫩芽草青色的雪紡紗麗，將近五公尺長的水般滑布，邊幅飾有朵朵相連的桃紅色玫瑰與秋柿色玫瑰，頗具畫龍點睛效果的，是襯在花邊的片片綠葉以及珍珠造型的花緣與花芯；最深得我心的，則是那件以網紗車製的長袖上衣，從領口、紗袖、絲質裡布、乃至後背扣帶，全部都由同款珍珠芯玫瑰縫成。

玫瑰，向來是女人最愛，是愛情象徵，能把玫瑰穿在身上、把愛情灑滿靈體，是多麼浪漫的一件事啊！尤其，紗麗是印度服裝裡的詩，在打好紗麗百褶、將紗麗完整裹繞在自己身上的那一刻，看著鏡中那個散發春天草原氣息的自己，還真是忍不住想為自己做詩，忍不住想要高歌一首「玫瑰人生」。

關於印度紗麗的起源，眾說紛紜，其中最浪漫的說法是，古印度有一名織布工匠，有一天，他在晚上睡覺時，夢到一位長髮飄逸的美女，夢中美女眼眶含淚、深情款款，似有

左：新婚不久的紗麗美女，紅白相間的手環是新婚象徵
右：穿著居家紗麗逛街的印度大嬸

說不完的情衷；閃爍的淚光波紋，彷如江水瀲灩，光彩熠熠。工匠醒來後，便根據夢中所見，將那情景織成一縷長布，紗麗因此而生。啊！就連紗麗本身的起源，也浪漫得像是一首詩哪！

紗麗的整體造型與線條，民族特色十足，名為印度國服，可說當之無愧，因此，來到印度，不管再怎麼匆忙，也一定要找個時間，體驗這印度國服。

販賣印度紗麗的服飾店非常多，走在市集上，三步一小家，五步一大家，等級、層次、服務各自不同，最常見的傳統店面，通常供應工廠大量製造的流行款紗麗。一進去，展示紗麗的櫥櫃就像個大通鋪，在鋪有白色棉墊的通鋪上，總有三、五個不等的店員，他們總是不厭其煩地配合顧客所需，

左：穿紗麗參加派對
中：穿紗麗出門冶遊
右：穿著紗麗上班的飯店清潔人員

將架上紗麗一件件挖出、一件件攤開，有時，甚至必須配合顧客要求，把自己當成模特兒，將各式紗麗一色色套在自己身上。

傳統店面的店員通常都是男性，讓這些頗具男子氣概的店員在自己面前展示紗麗，甚至幫自己圍裹那條長布，頗使我感到尷尬；然而，對於喜歡被當公主般寵愛的人而言，這樣的服務是極具吸引力的，因而大失血的人不在少數。

比較高檔一點的禮服店，乃至於設計師名店，則都有雇用女店員，有些甚至就是穿著紗麗制服上班，這讓人感覺自在不少，我便是在女店員的協助下，生平第一次在印度專賣店試穿紗麗。

但是，在這種店面裡販賣的印度紗麗，通常也要價不斐，一、兩萬盧比是基本款，十幾、二十萬盧比的經典款，比比皆是。那些層次繁複的手工刺繡與

上：傳統紗麗店面
下：不厭其煩展開一件件紗麗的店員

獨具匠心的設計傑作，總讓人愛不釋手，尤其極具致命吸引力的是，她們通常都是絕無僅有的唯一一件；一生中，若能有那麼一次機會，穿著舉世無雙的那麼一件禮服，當上唯一的主角亮相，那真是過癮。只可惜，人文風情不同，在台灣，除非是主題服裝派對，否則，即使收藏了如此精緻的服飾，也未必找得到知音欣賞呢。

幸好，印度紗麗等級很多，可供選擇的店面更多，從路邊只要兩、三百元就能買到的廉價面料，到前述的高單價收藏等級都有，不怕妳找不到理想中的紗麗，就怕妳存心錯過。

因此，抱著一生可能只有一次機會、錯過就不會再有的心情，當妳想著印度不知該是妳的什麼，當妳不停地尋尋覓覓、幾經躊躇又猶豫終於來到印度後，無論如何，一定要選一件屬於自己靈魂深處記憶裡的紗麗，體

高檔的精品禮服專賣店

驗一襲印度紗麗在身的不知何世之相遇，讓她成為專屬於妳個人的印度服裝詩，用這首詩來記憶妳的印度奇幻旅程，甚或，從此開創另一段源起於印度的瑰麗人生。

但我終究沒有買下那件充滿草原氣息的嫩青色紗麗，一方面是她的單價實在有點高，另一方面，最深得我心的薄紗長袖上衣，尺寸大得難以修改；而最主要的原因則是，即將一起參加這場婚禮的葛哥哥，也正緊鑼密鼓尋覓著他的西裝禮服，天馬行空的他，提出一個完全超乎我想像的浪漫建議：他的西裝由我來送，我的紗麗由他來送。

哇！人生的第一件印度紗麗，能由生命中佔有獨特分量的印度男士贈送，這不僅浪漫，還意義非凡呢！

我毫不猶豫地接受提議。

一見鍾情的黑底紅玫瑰紗麗

就這樣，在他的陪伴下，我們一起走進一家等級剛好介於設計師專賣店與傳統門面之間的精品店，一起挑紗麗。

意外地，在店員照例一件件攤開展示的各色紗麗中，赫然出現一件黑底紅玫瑰的軟紗紗麗，簡直深知我心來的，於是，再沒往下看，不到五分鐘的時間，我便迅速做好決定。很快讓店員為我量好尺寸後，不到幾天，我便拿到人生第一件專屬的訂製紗麗，是一件玫瑰紗麗。

浪漫，有時是一種堅持，尋找這件玫瑰紗麗的過程與轉折，便是一段只在印度才會上映的玫瑰人生。願大家都能在自己的浪漫堅持下，懷有自己的浪漫人生。

左：都會時尚女孩的派對禮服之更多選擇─藍嘎（Lehenga；大圓裙之意）
中：連身洋裝
右：母女裝

紗麗穿著步驟

1
將布緣有綴花的一邊當作裙底，在長布尾端打出漂亮的百褶。

2
以個人身高為準，將已經打出百褶的裙擺由左往右，繞腰間一周，形成裙身，並將高出腰際的布全部塞到襯裙裡。

3
將有綴花的長布另一邊，從右腰往左肩斜披。

4
有綴花的這塊布稱為巴露（Ballu），可依不同披法做出不同造型。

06

穿梭在傳統與現代間，天天在演穿越劇——日常時尚

印度共和國紀念日這天，全印度放假、普天同慶；「拉賈斯坦」首府——「齋浦兒」市中心，在手工蓋印布服飾近百年老店裡，趁國定假日前來血拼的人潮，摩肩擦踵、十分熱鬧；櫃台的玻璃桌面下，貼著許多孟買明星來此朝聖的照片，名店口碑，並非空穴來風。

印度經濟崛起是事實，以前來印度採購是搶輸歐美人士，而今，竟是搶輸印度人了？

有一個印度家庭，一家四口，在二樓的居家區挑床單，店員一張張攤開為他們展示著，已經挑過、不要的款式，就放在旁邊；遠遠看著熱鬧的我，遠遠看著有些喜歡，便默默、陸續去拿了兩個花色來放在自己的結帳區，沒想，他們好奇著問我來自哪裡後，不多久，竟跑來說我拿的床單都是他們要買的。

幾位店員應該都很感謝我吧，因為，本來不知要展示多久才能搞定的一家，不到十分鐘就神速挑好，抱著從我手上搶走的兩張手工繡線床單，開心下樓結帳去了。

我繼續來到二樓門市最裡邊的服飾區，希望可以在琳瑯滿目的花色與千奇百怪的剪裁

中，找到適合台灣朋友的。

眼前是山一般高的衣服，凌亂堆疊、糾結交纏，都是顧客試穿過、來不及整理歸位的衣服，整個長條型櫃台，彷彿被轟炸過似的；看到這些手工蓋印布服飾，我的眼神不聽使喚地，直盯著身邊各個印度女郎身影瞧，她們猶如一隻隻花蝴蝶般，把我引得目不轉睛，我甚至不顧身段，直接懇請她們讓我拍照了。

噢！瞧她們身上那些繽紛的色彩與五花八門的式樣，瞧她們如此俏麗、忙碌地穿梭在

上：假日服飾店山一般高的衣服，凌亂堆疊，整個長條型櫃台，彷彿被轟炸過似的。

下：琳琅滿目、繽紛多彩的手工印花布

不僅印度服飾傳統與現代交織，印度鞋也是古今交錯。
上：現代鞋店　　下：傳統鞋店

展示間與試衣間，那副不管外面的世界如何紛擾，就是要美美過日子的生活哲學，多麼令人神往啊；都說印度是最懂得運用色彩的民族，可不是，從時尚精品名店，到頂著陶壺走在路上的大媽，乃至於伸手過來向你要銅板的乞婦，哪一個不是一身絢麗、一世繽紛？

是的，若以台灣的時尚眼光來看，那些花布衣是多麼地老阿嬤啊！可，當你置身於繽紛的印度國土，看到這些充滿異國情調的布衣在印度女子身上百花齊放時，你就是可以感到一股異樣的生命活力，你甚至會頓悟，時尚界所謂的美學、色彩學、穿搭學，竟是如此狹隘；美學，從來不該是一門學問，而是一種生活的自在態度。

在台灣推廣印度蓋印花布時，最常聽到的便是：「這太花了，我不敢穿。」「這太亮了，太招搖。」總是一身繽紛的花衣蘭，走在路上，不僅經常被誤以為是表演者，甚至，還一度被質疑是否罹患躁鬱症哩！

於是，置身在如此一個只賣傳統蓋印花布服飾的專門店裡，看著如此眾多妖嬌的印度女孩穿梭其中，讓人不免神經竄動，並在心裡歡呼：知音難尋！

印度的手工蓋印布技術，已有千年以上歷史，早在二十世紀末西潮大舉入侵、西式美學徹底顛覆印度傳統審美觀之前，這項古老服裝技術與藝術，就一直存在印度市井；西方時尚界之手慢慢伸入印度後，從一開始是到印度取材，運用印度傳統元素製成適合西方時尚的商品，如：手工布雨傘、手工布沙發；到後來，直接就地開發品牌，設計出符合西方美學的服飾，如：Anokhi、Soma、Fabindia……等知名品牌；隨著長住印度的西方人越來越多，市場需求越來越大，如今，儼然已經反客為主，開始主導印度時尚的趨勢，如：Vogue、Harper's BAZAAR、ELLE 等西方雜誌在印度的創刊。

這於是產生一個有趣的現象，初來乍到的外國人，總往古老印象鑽去，總想著要穿印度紗麗去遊泰姬瑪哈、要穿傳統服飾去觀光景點拍照，彷彿如此才算融入當地；反倒是印度都會女子，她們急欲擺脫傳統窠臼，以穿紗麗為枷鎖、認為穿傳統服飾是老古板；君不見，在各種正式婚宴喜慶場合裡，紗麗與傳統禮服的比例正大幅銳減，現代風剪裁的禮服，才是都會女孩的時尚首選。

如此情況，也可在觀光景點看到，睜大眼睛仔細瞧，你會發現，盛裝打扮、出門冶遊的印度女郎們，或穿傳統服飾，或著現代時裝，爭奇鬥艷、好不熱鬧，置身其中，總讓人目不暇給，彷彿穿梭於傳統與現代之間，一個轉身，就是一個不同時代的身影，穿越劇活生生在眼前上映。

因此，有幸在這樣一個特別的時代來到印度，除了體驗傳統紗麗外，怎能不跟隨印度時尚腳步，順便體驗一下她們彷如天天在演穿越劇般的各式服裝秀呢？

特殊材質的禮服，價格高貴，不一定人人都想收藏，相較之下，大街小巷、四處可見的棉質蓋印布服飾，價格平易近人，放在行李箱不僅沒有負擔，帶回台灣後，也絕對是陪你度過炎熱夏季的好夥伴，別忘了，大英帝國統治印度的原因之一，正是為了印度這高質量的棉花呢？

這裡就介紹一些在觀光景點或是印度街頭比較容易買到的蓋印布服飾，讓大家參考。

1.庫塔（Kurta）：印度式上衣的統稱。

有僅做到腰上的短版庫塔，有膝上型的中版庫塔，也有過膝的長版庫塔。除了長版庫塔穿起來有點像越南服裝，民俗風格太過強烈，比較不適合台灣民情外，短版庫塔的俐落與中版庫塔的修身效果，都還算符合台灣街頭時尚，用來搭配各式褲、裙都非常適合，在台灣已經擁有廣大的愛好族群，她們在台灣的售價，即使網路商家，也是印度本地的兩倍以上，因此，如果在印度看到喜歡的花色，能買就盡量買吧。

左：短版庫塔上衣，搭配長褲或長裙，在台灣時尚裡一點也沒有違和感。

右：長版庫塔上衣

2.旁遮普套裝（Panjabi Suit）：傳統三件式套裝。

所謂三件式，共含上衣、寬褲、大披肩，原本是旁遮普地區的特色服裝，但廣為流行的程度，已經使其普及為南亞地區經常可見的民族服飾。

在印度、巴基斯坦，他們會將所有名稱念成一串：夏瓦爾（Shawal）、卡米茲（Kamiz）、杜帕塔（Dupatta），依序是：寬褲、上衣、大披肩；在孟加拉，則多直接稱為三件式（3 Pieces）。

這款服飾在台灣的哈印族裡，極受喜愛，尤其是學習印度舞蹈朋友們的普遍打扮，若你有朋友是熱愛印度文化的，買回來送她們肯定不會錯。

色彩鮮明的「旁遮普套裝」

3.阿娜卡莉（Anarkali）：是一種大裙襬洋裝式上衣的統稱。

左：穿著禮服式「阿娜卡莉」套裝出遊的印度女子，走累了就把鞋子脱下。
右：蓋印花布式居家「阿娜卡莉」套裝

阿娜卡莉原本是一個巴基斯坦宮廷舞孃的名字，在蒙兀兒帝國時期，她因為與王子相戀，不為當時的國王阿克巴（Akbar）所容，最後被賜死；從此，這款服飾便以她為名，在巴基斯坦的文化古都拉荷爾（Lahore），至今有以她為名的市集。

民俗風情不同，阿娜卡莉在印度通常搭配窄管長褲穿著，台灣朋友則多直接當洋裝來穿，是非常具有印度特色卻又符合台灣時尚的浪漫服飾。

一襲阿娜卡莉在身，

就像延伸一場蒙兀兒帝國的浪漫愛情；當清風吹過，當裙襬隨風飄逸，更可時時準備當個站在地鐵出風口、裙襬不經意被吹起的那個瑪麗蓮夢露，經典畫面，直接就在自己身上重現，浪漫百分百。

愛美是人的天性，印度傳統服飾不一定都適合台灣民情，但是，以傳統造型為元素發展出來的現代設計，五花八門、浪漫多姿，如果你來到印度，不妨入境隨俗，和印度女郎一起穿上這些蓋印布花衣，一起大鳴大放；印度是一個充滿靈性的國度，用繽紛的印度服飾來釋放自己另一個靈魂，未嘗不也是一場屬靈的全新體驗哩。

購物指南

1. Anokhi 網站：
http://www.anokhi.com/

2. Soma 網站：
http://www.somashop.com/

3. Fabindia 網站：
http://www.fabindia.com/

住與人文

印度人天生熱情，邀請朋友到他們家作客、旅住，並不少見，雖說旅居國外還是多點警戒心比較好，但是，連家裡都願意空出來讓你住的人，還會壞到哪裡去呢？

都說旅途上最美的風景是人，來到印度，你將有很多機會認識很多印度人，是機會、是陷阱？是浪漫的邂逅、是危險的異境？有時，或許是一個巴掌拍不響的結果。

所以，好好把握每一道曾經交錯而過的人文風景，祝大家也都能在印度找到屬於自己的浪漫善緣。

07

只要有愛的地方，就是五星級飯店——印度寄住家庭

「為什麼妳沒有將自己的頭髮清乾淨！」

葛老爹指著女傭正在打掃的浴室孔蓋，質問剛洗完澡、還濕著頭的我；當時，因為還沒戴上眼鏡，糊著雙瞳看不清眼前有什麼，只好狀似無辜地耍賴：「洗澡的時候沒有戴眼鏡，什麼都看不清楚，我沒看見頭髮啊。」

我故意瞪大眼睛、做四處張望模樣，用誇飾法強調自己的不是故意。

事實上，我不是那麼沒道德的人，洗完澡當然知道要清理自己的頭髮；只是，冬天的那時候，剛洗完頭，一身濕冷離開浴室後，捧著濕髮便趕緊先回房間，想要擦乾頭髮、添加禦寒衣物，沒有料到，在這不到幾分鐘的空檔裡，原本還在廚房鏗鏘忙碌的女傭，卻已經進去浴室打掃了，這才使得我來不及善後。

語言不通的當下，解釋不了那麼許多內心戲，也只好乾脆耍賴到底；大概當時沒戴眼鏡的我，不用演也很寫實，於是，葛老爹沒轍地憋住笑意，但仍繼續拷問另一「犯案」現場。

「到處都是妳的頭髮！連水龍頭都阻塞了！」

葛老爹又指著葛弟弟剛從水槽下方水管費勁扭出來的濾水塞，似嚴厲似調侃地質問，而葛弟弟也以抓到罪犯似的得勝模樣，故意將濾水塞往我面前遞來。這次無法假裝看不到，上面的確卡了不少雜毛。

「那不是我的頭髮，我的頭髮很長，那上面的頭髮那麼短，不是我的！」

這次是真的，我的頭髮細而長，只要卡在濾水塞，便是難分難解地一團糾結，絕不會是眼前那短而雜的平鋪交錯模樣，而且我從不在這個洗手台梳洗，所以非常肯定地理直氣壯；葛老爹和葛弟弟對望之後，不知是接受我的辯詞，還是「唯女子與小人難養」地不想追究，只是按住笑意地轉身，埋首處理水管阻塞問題，讓我趕緊去吹頭髮。

「妳真是一隻自由的小鳥。」終於，有那麼一天，葛弟弟如是對我說。

左：住我們樓下的葛堂弟辦喜事時，家裡張燈結綵。

右：賣牛奶的人來按電鈴時，我們便放下一個籃子，把牛奶拉上來，再把錢用籃子放下去。

「那是因為沒有什麼是我不能放下的。」

青鳥蘭承認，寄居葛家期間，由於他們家沒有女兒，因此，全家把我當成小女孩般寵愛，這樣的日子，對一個已婚女子來說，真的彷彿如夢，也真的很快樂。

如果，單純只當個胸無大志的女孩也能是個夢想，那麼，這年冬天寄居葛家的我，的確已在此山風景裡，享受夢想的滋味。

葛老爹——我和葛家兄弟私下總叫他「希特勒」

當然，人生如果這麼虛飄飄地只是快樂著、快樂著，那也就太無趣了。

於是，就像所有家庭都會發生爭執一樣，終於，有那麼一天，我和葛老爹也發生劇烈風暴了。

爭執細節，有如不可外揚的家醜，實在很難對外言說，不過，在印度將近兩個月，已經習慣被捧在手掌心的我，在風暴隔天、在葛弟弟掩護下，提著行李箱入住旅館後，覺得實在委屈不過，便寫了落落長的簡訊向葛老爹抗議他什麼都不知道，然後，便像個灰姑娘似地，窩在旅館獨自淚流，第一次體驗在印度遇到坎坷卻又無親無故的辛酸。

在我蜷縮旅館哭泣之間，葛老媽與葛哥哥、葛弟弟三方是如何揪心，我無法臆測，我只知道，葛哥哥訊息一封封傳來，用他向來不看眼前混亂只管如何善後的穩重安撫我，讓我知道我絕不孤獨；然後，到了傍晚，平常怎麼催都很難出門的葛老媽，生平第一次，自己從家裡坐了快一個小時的嘟嘟車，進入德里市區，救火式地趕來安慰我。

自知講話傷人的葛老爹，到了九點多鐘的下班時間，總算開始「獻殷勤」，不但切來好大一盤水果給不見了一整天、在葛哥哥安撫下已經回到葛家辦公室的我，緊接著拉下鐵門打烊後，還立刻帶全家去吃好料，一路上還打破僵局、介紹沿途風景來的。

雖然我覺得葛老爹都已經主動說話算是軟化了，我要是再耍脾氣也是有點過分，但是，在餐廳坐定後，看著餐桌上正對面的他，還是覺得彆扭，便耍任性地要他換位置。

「你可以和哥哥換位置嗎？我還沒生完你的氣，不想坐在你的對面。」

「NO!」

雙手交叉於胸，橫臉搖頭說NO的，是依舊不改總是以威厲口氣牽動全家緊張氣氛的葛老爹。

我們又繼續沉默了好一會兒，直到他把一碗剩下不多的炒飯從其他人手中搶下，轉手遞到我的桌邊，肢體語言說著「這只給妳」，我才終於忍俊不住、破涕為笑，說了一聲燦爛的謝謝，接下那碗其實已經吃夠了的炒飯。

結束快樂晚餐後，其實我們已經和解了，但，葛老爹不開口要我回家，硬骨蘭也就不回家。

一個人在外更逍遙，我開始認真為自己規劃起真正的「印度旅遊」。

沒想，就在我準備出發的那個早晨，葛哥哥進入市區後，發現我竟然不在他安排的旅館裡，立刻印度－台灣連線，中間不知轉了幾個人的電話，終於找到「亂跑」的我，然後動用各種「人情」攻勢，讓我在一個多小時內，便又沉默著回到原點。

一進葛家辦公室，葛老爹一見我，立刻說：「今天妳就把行李打包好，退房回家！」典型印度式權威的葛老爹，就連要我回家都是用威嚇口氣；而葛老媽怕我還是不回家，連續三天自己一個人搭著嘟嘟車進市區，帶著她從家裡煮好的咖啡、甜點、餅乾到旅館，用婆婆媽媽的溫情攻勢，要我回家；就在葛老爹已經開口要我回家那天下午，不知情的葛老媽，依舊一個人風塵僕僕、直奔旅館來敲我房門，一開門看到她用誇飾法強調的那一副老骨頭快散掉模樣，直接把我笑翻。

就這樣，結束三天兩夜的印度離家出走記，我和葛家「團圓」；恢復向來一神教徒與多神教徒親如一家的「多元成家」。

回到家後，腦海無法不浮現一部印度經典電影：《有時歡笑有時淚》（Kabhi Khushi Kabhie Gham）。

葛老爹對我「變臉」的瞬間，反目成仇後自己內心的糾葛，一如片中那個全家沒人敢對他說不的爹爹；努力把我藏著、比手畫腳安撫我「左耳進、右耳出」就好的拭淚葛老媽，一如那位只能沉默禱告、偷偷想念的養母；而兩個和我情濃如親卻無法反抗自己權威老爹的葛家兄弟，就是電影中那個獨自跑去倫敦、暗中進行大和解的弟弟了；簡直一模一樣的劇情縮影啊！

如此一想，所有曾經的委屈又全不見，一切頓顯浪漫，「有時歡笑有時淚」的人生，竟是如此有滋有味！

慢慢摸熟葛老爹面惡心善的嚴父性格後，再面對葛老爹總是鋼鐵般冷硬的線條與辭令時，我不但不再遲疑畏懼，甚至還能調皮頂嘴，乃至於抓他語病，攻他總是「唯我獨尊」的權威性格；對葛老爹而言，我則漸漸像是他拿著沒轍的任性女兒，既頭痛著管教不了，又止不了寵溺地只能任我隨心所欲，而我也終於在認識三年之後，第一次開口喊他 uncle，將他從過去沒有稱號的友輩，升級為父叔般的長輩。

和葛家的全家合照

一個原本只是因為兌換貨幣而偶有往來的印度人家，就這樣，歷經一次兩次三次不斷層層深入之後，建立起比親生家人還要濃烈的親暱情感，這是我們當初都沒有意料到的。

印度人天生熱情，邀請朋友到他們家作客、旅住，並不少見，雖說旅居國外還是多點警戒心比較好，但是，連家裡都願意空出來讓你住的人，還會壞到哪裡去呢？所以，放下在台灣已經習以為常的防衛，敞開心胸，學著接受印度式的熱情，或許，你也可以結下另一樁屬於你自己的浪漫善緣哦。

加碼：

相較於風風火火的葛家，在更早以前，青鳥蘭所寄住的另一個印度爸媽家，真是一片祥光，很多屬於印度的初回憶，都在印度爸家門前的那片花園裡發生的；已經退休的印度爸，最大興趣就是蒔花種草。摘秋葵、賞茄子、催芭樂長大、數串串香蕉……，還有清晨一起找在門口樹欉裡築巢的鳥窩、黃昏陪女人在花園裡找矮灌木祈禱過著不知什麼節……。

獨闖印度的日子，不管我的班機多晚到，印度爸媽倆老總是親自到機場接我；不管我的班機多晚起飛，他們倆老總是親自送我，直到我辦完登機手續、回頭和他們隔著玻璃大窗揮手說再見。

曾經，我當起電燈泡讓他們帶著去觀光花園夜下漫步；曾經，因為不想總是獨自一人踏上旅程，我倒在印度媽懷裡抱頭痛哭。第一次逛印度現代超市，是和印度爸媽

印度爸熱愛花草，除了自己的小花園外，如今又協助管理社區花園。

一起；第一次聽印度教徒誦梵歌、看印度人禮印度神「奎師那」、點印度過年習俗的「排燈」……都是在印度爸媽家體驗的。

與印度爸媽完全沒有任何複雜利益的往來，與印度爸媽在一起的日子，總是那麼祥和，那麼不似在人間。

輾轉多年過去，如今印度爸媽兩人過著閒逸的暮年生活，大多時間都用在宗教上的靈修，大概只適合接待退休人士了。

寄住在這些所謂的「印度人家」期間，雖然不像住在旅館般可以處處隨心所欲，然而，有家庭之愛的地方，就是情感上的五星級飯店。市儈一點的人，直接可以看到的，是寄居蘭省下不少旅館費用，唯有我們彼此知道，我在事後回饋的，不管有形的或是無形的，絕對都在那些總和之上；我們之間的感情，便是在彼此都不求回報的基礎上，一點點加溫，一層層積累。

和印度爸媽在一起的日子，總是一片祥光。

如今，不僅印度爸媽一家總把我當成是他們前世失散的女兒，就連葛家也將我寫入族譜、視為成員，雖然彼此宗教不同、對這些形式上的意義各有不同解讀，但無論如何，都不減我們希望彼此可以天長地久的情誼。

08

當他說喜歡你的時候——摯友

「我喜歡這個餐廳的音樂……」

環顧餐廳四周後，腦海浮現一首印度老歌MV，那場景大概就是這樣，有點百老匯味道，我一時說不上喜歡不喜歡，但，改編自現代寶萊塢的輕音樂，真的很有度假FU，讓人整個很放鬆。因此，坐下後不久，我便兀自說著。

「而我喜歡妳。」坐在餐桌左側的蘇尚如此回我。

啊！這是什麼回應？

我一時靦腆，低頭假裝沒聽到，沉默半晌，才抬頭問那時坐在我正對面的老公：「他剛剛說什麼？」

老公顯然也沒料到有此對話，反應卻是很快：「他是說『我喜歡妳』，不是說『我愛妳』。」

正所謂越描越黑，老公不解釋還好，這一解釋，讓我更是羞紅臉；講的是英文，大家都聽得懂，一時，整桌停格，大家都不知該怎麼接這無厘頭畫面。

「你不想活了，竟然在我的老公面前對我說『我喜歡妳』。」

我對著沒神經的蘇尚，用中文講著只有老公聽得懂的話，試圖以此化解尷尬；但，整桌依舊沉默，大家各有心思。

幸好，很快上菜了，大家的注意力都轉移到這家高朋滿座的餐廳料理上，討論起菜色。

2014 年春天，初遇當日，為蘇尚拍下的第一張照片。

一邊大快朵頤，一邊我還是忍俊不住竊笑，這傢伙是哪條神經不對了？

終於，我想起作家「印度尤」名句：當印度人對你說著「你像天上的星星一樣」時，那句型就好像我們台灣人在說「哈囉」一樣。

找到開解後，我立刻拿這個比喻說給大家聽，自己也總算恢復向來無話不說的無拘，對著蘇尚調侃：「所以，你剛剛是在跟我說哈囉就對了？」

但見蘇尚悶悶點頭。

「哈哈，我一定要把這件事情寫出來！」我促狹地說。

包括老公在內，一桌四人，大家都覺得這哈囉之說讓人生輕鬆多了，於是，我們一如往常，繼續說說笑笑，繼續挖苦彼此。

蘇尚（Sushant Grover），一個年紀小我十九歲的的印度青年；初見時，抱著印度人沒有時間觀的刻板印象，雖然我和他約的是早上八點，但心裡想的卻是九點再出門都來得及，也因此，當蘇尚依照約定準時在八點來敲我旅館房門時，我還濕著一頭亂髮。

待我整裝待發，終於下樓，但見蘇尚正拿著筆記本在寫當日隨筆，「哇，是個文藝青年來的！」這是我對蘇尚最具體的初印象。

那年，蘇尚臨危受命，在父兄鼓勵下，友情相助，擔任我的地陪，陪我勇闖德里各大市集，然而，由於我全心專注在自己的工作上，因此，短短幾日相處，除了需要他的語言協助與地標指引外，我們難有太多交集，唯一印象深刻的是，在我問他未來志向時，當時正沉浸熱戀的他，兩眼神迷地告訴我：「想當一個丈夫。」

這是什麼回答呀？我不僅當下仰天哈哈大笑，在之後幾年的日子裡，更是經常拿這句話來調侃他。

雖然年紀相差甚鉅，但由於印度正處經濟改革，整個社會環境與價值觀的轉變，意外地，都與我所生長的六、七十年代台灣有不謀而合的時空交集，加上彼此都擁有易感而脆弱的神經、屬於注定糾結的靈魂，因此，我們不但有許多神合的默契，返回台灣後，也繼續維持聯絡，經常交換些有一搭沒一搭的為賦新詞強說愁。

就有那麼一個夜半，蘇尚突然來訊：「可以問妳一件事嗎？」

台灣和印度有兩個半小時時差，當時已經快要入睡的恍神蘭回：「嗯，你說。」

「當我們在一起的時候，我很多次看到妳閉起眼睛，念著不知什麼？那是什麼？」

時間已久，加上夜半精神不濟，我完全想不起來他指的是什麼，因此，不經思索便回：

「當我閉起眼睛的時候，大部分應該就是在休息。」

「不，我指的是當我們坐在車子裡的時候。」蘇尚追問。

嘿，小孩子是不能隨意敷衍的；我只好豎起神經，認真起來：「哪一天？往哪一段路的時候？」

「嗯……算了。」處事總不夠積極，虎頭蛇尾，一直是蘇尚最大的毛病。

雖然蘇尚突然又覺得無所謂了，但回神蘭還是認真分析：「事實上，工作的時候，我的腦海裡有很多事情同時在運轉，所以，這經常發生，有時候，也許我只是想起某一個關鍵點，然後我告訴自己：加油，加油。」

「哈哈。」

與蘇尚勇闖舊德里的日子

情竇初開的蘇尚，失戀後曾用這張照片說我和葛老媽是他生命中最美的兩個女人。

我不知這樣的答案蘇尚是否滿意，但，我很快入睡，他也沒再細究，在那之後，我們也都沒再提起過這個話題。

就像這樣，誰要忽然想起相處期間的某個片段，誰便隨時丟出天馬行空的問候，我們維持著一段絲來線去的忘年之交。

慢慢我才知道，在遇到我之前，蘇尚是一個優柔寡斷的宅男，從學校畢業後，幾乎都窩在家裡，大門不出二門不邁，直到我這「外來刺激」出現，他才漸漸開始接受挑戰、學習踏入成年世界；對此，蘇尚的父兄都感到十分欣慰，因此，也都十分鼓勵我們的交往。

漸漸地，沒有生育子女的我，便將母性發揮在蘇尚身上，我可以享受當母親的成就感，卻不須負擔當母親的實際壓力，蘇尚的成就就是我的成就，而蘇尚的病痛與情緒，他的父母自會承受；我所需要接收的，只是蘇尚形而上的憂傷與哀愁，而這些他又大多能夠自己處理，我所付出最多的，就是無需情感成本的傾聽；我們隔空遙遙相伴，當他的父母、親兄無人能理解他的想法、罵著他瘋癲時，我成了那個唯一能夠消化他外星人般心事的解語花。

一直以來，我都有把跳舞當運動的習慣，而以寶萊塢歌曲當背景音樂，更能為這樣的運動增添動感的樂趣，我總在網路上找到能夠撩撥當日運動神經的樂曲後，便一路放到底，隨心情不同，經常變換不同曲目。

有那麼一天，蘇尚在憂鬱神經發作下，介紹我看一部印度最新電影，當時因為找不到網路版，我便只好先播放這原聲帶總共四十六分鐘零二秒的電影主題曲來聽，事後更是直接拿來當跳舞的背景音樂，一邊聽、一邊運動、一邊感受蘇尚的歡笑與憂傷；這件事我並沒有告訴蘇尚，直到有天，因緣際會竟然在台灣影展看到該部名為《愛情說書人》（Tamasha）的電影，這才知道他在理想與現實中的掙扎。

電影散場後，我立即埋首用手機寫簡訊，花了半個多小時、寫了一長串，希望能對他有所幫助；訊息發出後，自己覺得內文太長，怕他無法消化，便又補了一句：「真不知道你能不能趕上我的腦袋瓜。」

但見，蘇尚不但飛快讀完我那猶如老太婆裹腳布般的說教詞，並且直接跳過正文，用很陶醉的方式，飛快回應了一句：「我會趕上妳的心。」

一般人聽到這句話，肯定是燦笑如花了；然而，關於印度人那甜死人不償命的口才，我早已無感、免疫，因此，望子成龍的當下，急急如律令地又埋首回覆：「你永遠趕不上我的心！自從你叫我看《愛情說書人》那天開始，我就改用這部電影原聲帶當背景音樂，一邊跳舞一邊聽，從那天到現在，我不敢說每天，但是，三天兩頭，跳舞當運動，在這三個多月的時間裡，至少也聽一百遍了，原聲帶總長四十六分鐘零二秒，一百遍就是四千六百零二分，二十七萬六千一百二十秒，你遠遠地落在我的心後面，永遠別想趕上我。」

「哈哈哈哈哈哈哈哈哈哈哈哈哈哈哈哈哈哈哈哈哈哈哈哈哈哈哈哈哈」

蘇尚發出鞭炮長的哈哈笑聲，算是對耍嘴皮子耍不過我的回應。

我們總以為對方並不如自己想像那麼在乎自己，卻又總於事後明白，原來，對方是把自己放在比自己想像的還要重要的位置；我們的感情就這樣，一步步加溫，一步步昇華為彼此重要的生命共同體。

於我而言，蘇尚一直就是我對生育兒女的渴望轉移，我對他的情感，從來沒有比這更多；相識三年多，我們的默契與日俱增，經常總是只要一個眼神，我們便能心領神會，明白對方在想什麼；我們甚至也像小孩子般吵架，那總發生在他的工作表現不如我預期，而他又不肯服輸、硬要找藉口的時刻。

當然，我並不知道在蘇尚這邊，又是如何解讀這些點點滴滴。

可不是，就在他深情說著「我喜歡妳」後不久，他便又因為不滿我搶他眼前的菜，對我發脾氣。

「看吧！這就是男人，一分鐘前還說著我喜歡妳，一分鐘後就可以翻臉！」我在調侃的語氣裡，配上猙獰著眉眼、怒目相視的表情，把餐桌上的其他人都逗笑了。

就這樣，在朝夕相處的那段日子，白天裡，我們在各自領域努力工作，到了晚上，我們就盡情釋放壓力，無憂無猜珍擁彼此相聚的每一天，享受美食，享受生活，享受別去管是否天長地久的當下言歡；那天，結束晚餐後，我們又結伴去看印度寶萊塢電影的午夜場了。

我非常珍惜和蘇尚的這段友誼，我們至今惺惺相惜，我支持他所有的瘋狂想法、肯定他所有工作上的成就，而他也能接收我在遙遠異地偶爾的生活呢喃；我們都可以互當彼此的情緒垃圾桶，卻由於空間上的難以交集，我們也都可以聽過就忘，彼此沒有負擔；人生能有如此忘年之交，我不得不承認，彌足珍貴啊！

都說旅途上最美的風景是人，可不是嗎？來到印度，你將有很多機會認識很多印度人，不管媒體把印度形容得如何可怕，然而，大部分的印度人，其實都只是很認真工作、尋求各種謀生可能的市井小民，是機會、是陷阱？是浪漫的邂逅、是危險的異境？有時，或許是一個巴掌拍不響的結果；我深深相信，只要能抱著一顆警覺心，見面時不往暗處鑽去，交往時不往曖昧想去，那麼，一切都可以單純而美好。

好好把握每一道曾經交錯而過的人文風景吧，祝大家也都能在異國找到有緣的摯交。

後記：

在母儀蘭的督促下，蘇尚終於擺脫父兄羽翼，創設自己的旅遊部門，並特別提供中文服務，以延續這段忘年之交，網站取名「檸檬印度」，頗耐人尋味：www.lemonindia.in

左：隨身攜帶札記的文青蘇尚

右：與作家印度尤、中央社駐德里特派員康世人、尼赫魯大學博士生等台灣友人相見歡。

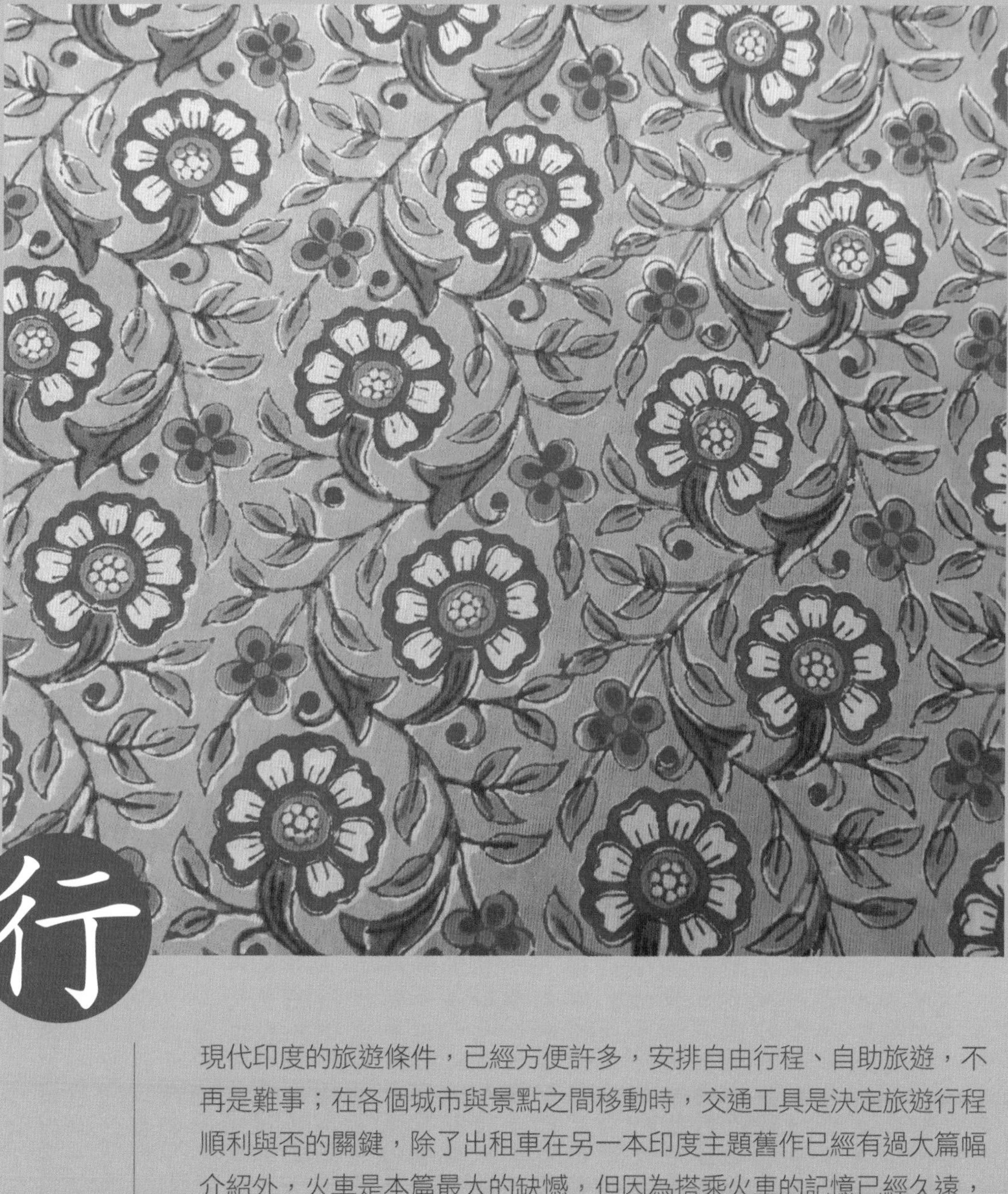

行

現代印度的旅遊條件，已經方便許多，安排自由行程、自助旅遊，不再是難事；在各個城市與景點之間移動時，交通工具是決定旅遊行程順利與否的關鍵，除了出租車在另一本印度主題舊作已經有過大篇幅介紹外，火車是本篇最大的缺憾，但因為搭乘火車的記憶已經久遠，記憶也不深刻，在不想硬謅浪漫故事的情況下，決定就讓火車篇成為遺珠，讓更多擁有美麗故事的朋友一起來寫。

09

印度版《冬季戀歌》？——公車

關於坐公車，我的最浪漫想像，一直停留在韓劇《冬季戀歌》裡，就讀高中的俊祥和友珍；每個上學的早晨，他們總是並肩坐在公車右翼最後一個位置，享受少男少女純純的愛戀。

受電視劇影響太深，以至於，即使生活在台灣，我也總是一上公車就往那個位置望去，只要位置是空的，我便直接坐去，就算身邊沒有戀人相伴，也總能沉醉在自己的浪漫想像裡，彷彿即將與一場驚天動地的戀情相遇。

因為我總是只在白天上班時坐公車，而俊祥和友珍也總是在早晨上學，所以，在那

交通繁忙的市區，隨意跳上一輛公車，展開一場浪漫的相遇。

個置高點的視角裡，《冬季戀歌》的美麗愛情，一直凝結在空氣同樣明亮的車廂中。

是在踏上印度這塊土地十餘年後，我才第一次坐上印度公車。

那是一個陽光奮力從新德里知名空氣汙染的塵霾中竄出光芒的午後四點；從後車門上車時，早有經驗的旅伴便指著左排，說是女士專用座，但，當時車廂是滿的，就連女士專用座區，也被男士佔上，顛簸的路況與搖晃顫動的車況，讓我們自顧不暇地緊抓公車手把、緊貼身邊椅背，在這個時候要挪動步伐請男士讓座，還不如立馬尋求掩護、就地安身；印度公車似乎沒有時速限制，印度司機更是以快狠準出名，果不其然，一個緊急煞車，站在我們身後的男子，便狠狠地被甩到旅伴身上了。

這種狀況，若發生在台灣，肯定是一陣尖叫，然而，以混亂聞名的印度，沒有人覺得這是什麼大不了的事；公車很快煞住，車廂始終一片靜寂，空氣中懸著一切如此日常的禪定浮粒。

接著，陸續有人下車，我也很快找到空位坐下，睜大眼睛開始瞧這公車風景。

但見，形形色色的乘客，各式都有；有的婦女穿著閃亮紗麗，雙手畫著鮮豔圖騰，全身上下掛滿首飾，看起來就是要去參加重要場合；有的是大嬸模樣，裝扮樸素，看似只是出門辦點小事，正要回家；也不乏年輕女子，有拿著筆記本認真研讀的、有穿著時髦斗篷和應該是男友牽手一起上車的。當然，更多是年紀、膚色、穿著打扮完全南轅北轍的男士們；有披著沾滿汙塵的圍巾、兩眼無神的；有罩羽絨外套搭牛仔褲的；還有著西裝外套、迫不及待想要進入大人世界的可愛男孩；更有拿起手機正偷拍著我的；最多的，則是穿襯衫配西裝褲儼然上班族模樣的。

一輛公車，彷彿就是一個印度小縮影，各式人種都有，各款風情皆俱，這真是太意外的旅途風景了。

於是，我拿起手機，向一雙雙眼神正與我交會的友善面孔示意；我徵求他們同意，為他們拍下一張張草地風情照，從公車後段拍到公車前段，再又從最前面的位置坐到最後面的位置，我直把整輛公車連安全門都瞧仔細了。

就在我準備盲拍公車乘客們的千姿百態時，意外地，鏡頭裡出現幾位可愛人兒，有端坐燦笑的女士，有刻意戴上墨鏡的俏小子，有一身亮黃紗麗的黑膚大媽，有擠不進鏡頭的少年；他們全都定睛緊盯我的手機畫面，於是，原本不打算入鏡的我，也就乾脆和他們來個歡樂合照；待他們魚貫地在同一站下車後，我才知道，這原來是同一家人呢。

那是一條繁忙的公車路線，乘客上上下下，絡繹不絕；我們的目的地是捷運站，算是終點，所以，在乘客陸續到站下車後，意外地，竟等到了車廂慢慢淨空。

當我發現那個屬於《冬季戀歌》浪漫想像的座位

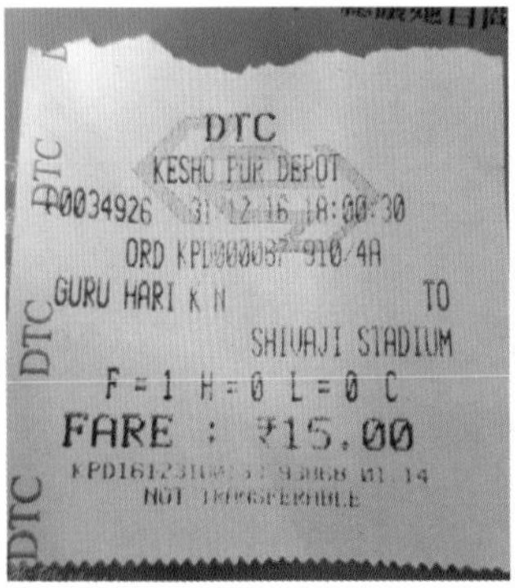

左：公車票價 15 盧比

右：市區公車都有兩個車門，後車門上，前車門下。

上：著西裝外套、迫不及待想要進入大人世界的可愛男孩
下：坐在與《冬季戀歌》相遇的座位

早已空出時，毫不遲疑，我起身從車頭移步到車尾，此時，整個車廂就是我的時空隧道，我從暖陽高照的印度聖誕節慶喜悅中，直接穿梭到兩千零二年的韓國大雪天，坐上俊祥和友珍的記憶，揣想一個不曾發生過的戀情。

啊！我哪裡能想到，多年前在韓國曾經也是一個人的初雪天，竟能在多年後的印度午後冬陽中，找到如此浪漫的記憶連結；浪漫，無須是兩顆心的互相映照，一個人的孤獨想像，未嘗不浪漫哪。

想要體驗孤獨想像的印度公車並不難，大馬路上，只要你看上任何一輛感覺對了的公車，此時，別當自己是觀光客，儘管放開心胸，隨印度人一起上車吧；隨興想坐多久，你就坐多久，會搭乘短途公車的，都是一般市井小民，基本上都很和善，

左：公車上形形色色的人——帶著噹噹響的首飾，手畫指甲花圖騰的女子。
右：當我專注在拍攝各式人影時，這位男孩也在偷拍我，於是，我們用眼神示意，彼此放下手機，正大光明各拍一張。

即使語言不通也沒關係，或比手劃腳、或眉目傳意，你無須開口說上任何一句話，你甚至只需花上十分鐘、十五盧比，便能體驗一趟屬於自己的浪漫公車行旅，待風景看夠了，你隨時可以下車，繼續自己的旅程。

如果第一趟公車上的風景不是你所期待的，那麼，不妨跳下車，再轉另一路；或一站、或兩站，旅途的長短不是重點，旅途上的心情，才是決定風景美好的關鍵。

我便是如此與我的印度版《冬季戀歌》相遇的。

不為尋找未必存在的戀情，只為一個浪漫想像而出發；如果你來到印度，別忘了，挑一輛命定的公車，跳上一段意想不到的旅程吧，當然，如果你是搭乘長途公車旅行的話，那更別錯過一路上的好風景！

旅遊資訊

新德里市區公車路線：
http://www.delhi.gov.in/wps/wcm/connect/DOIT_DTC/dtc/home

新德里長途巴士訂票網址：
https://www.redbus.in/buses/delhi-bus-tickets.aspx

印度長程巴士訂票網址：
http://www.busindia.com/

10

德里與台北，並無不同？——人力車

在一個風和日麗的清晨，我和旅伴嚐著鮮、搭著印度如今非常先進的叫車服務系統「OLA」前往新德里一個圖書館參加活動，但因司機抄了捷徑，把已經習慣天天走相同路線的旅伴和我，驚得花容失色；我們邊走邊停，一路溝通好久，司機對我們兩個有理說不清的婦道人家，莫可奈何，幾乎抓狂地直接用手指刷起牙來，足見當下心頭之悶。

旅伴是個可以為了五塊盧比和司機爭執十分鐘的人，我則認為，如果十塊錢盧比可以息事寧人、可以讓司機開心、可以為自己省下不少寶貴時間，何樂而不為；當時，司機堅持，如果要照我們的路線走，必須加付車資；旅伴則堅持，目的地和車資早已說定，沒有加價理由。

在雙方僵持不下，而我連續兩次遞出的十元盧比又

在車水馬龍的大道上排班等著載客的人力車

穿梭在小巷弄間的人力車之兩車交會

印度也有資源回收站

都被旅伴收走的情況下，我們走走又停停、走走又停停，時間不知不覺溜走；司機大概也終於失去耐心了，不知是故意還是無心，最後竟落到要向三輪嘟嘟車詢問我和旅伴指定路線的景狀，這一舉措，更是讓旅伴對他完全失去信任。人都是這樣的，凡事爭到後來，總是爭那一口氣，最後，我們只好轉搭嘟嘟車。

嘟嘟車司機一啟動引擎便調頭往回走，當他很快抵達目的地時，雖然我們都發現不僅花了比原本的五盧比、十盧比還要多好幾十盧比的冤枉錢，而且還走回「OLA」司機稍早抄捷徑的路線！但我們心照不宣，彼此什麼都沒說，只是悶頭逕往已經遲到的目標走。

當天活動結束後，所有夥伴都已陸續離開，只有好學不倦的旅伴繼續留下來提問，以補因為遲到沒有吸收到的內容，待我們離開會場，已是一個小時過去。

我們的下一個行程並不遠，是個知名市集，最有效率的移動方式是搭嘟嘟車；但不知為什麼，那天的嘟嘟車幾乎都已載客，好不容易攔到空車時，卻因目的地擁擠而被拒載，眼看繼續等下去將不知等到何時，最後，我們決定直接坐人力車前往。

我經常站在印度大街小巷看著來來往往的人力車，看著那些猛力踩踏板的車夫，用自己最原始的本事，靠勞力賺錢，然後心生自以為慈悲的不捨，想著在這樣的時代，怎還有如此廉價的勞力？是在很久以後，我才漸漸明白，在印度如此人口眾多的國度，若非還有門檻如此低的工作可以養家糊口，或許他們連基本謀生都有問題。我因此不再排斥。

過去，在我心裡最優美的印度人力車風景，非德里的「月光市集」（Chandni Chowk）莫屬，整個T型大道人聲鼎沸不說，T字下面的那一長豎，更是猶如印度版「清明上河圖」，繁忙街道，放眼望去，遙無止盡；絡繹不絕的人力車龍，就像一條流動的長河，車夫額頭上的汗水，是那粼粼波光。矗立街邊看那一輛輛人力車在眼前來來往往，彷彿在岸邊欣賞水草，每一個人力車

上：小街風景之印度刺青店
下：小街風景之食肆店

伕的身影，都是一幅古意盎然的復古風情畫。

一直以為人力車只在月光市集這樣古老的舊區才有，一直到後來走進市區不同角落才知道，人力車至今是許多地方很普遍的交通工具，就連德里之心「康諾特圓環」這麼時髦的市中心，都能看到身影。

已經很多年沒有坐人力車了，這天，歷經一連串的交通不順遂後，終於有機會再次跳上人力車，而且，與以往不同的是，這次不是為了節省腳力而搭坐的短程直線往來，是真正當交通工具地直接穿梭在印度大街小巷。

我們是在一條車水馬龍的大道攔上車的，當我還想著坐這人力車穿梭在車速如此飛快的馬路上實在危險時，人力車伕已經轉了方向，穿入一條小巷子，然後，一轉彎便迎面碰上一輛由正前方幾乎直直撞來的人力車，兩位車伕就在小巷中按下緊急煞車檔，慢慢讓出夾縫，讓彼此順利通行，景狀猶如大馬路上的兩車相會；一時之間，我感覺自己好像穿越時空，彷彿來到電視劇裡的民初北京小胡同；我想像自己是戰火連天下，坐著三輪車前往布莊準備裁布做新衣的姑娘！

有了浪漫的生活想像，頓時，一整天的烏煙瘴氣，煙消雲散。

唧唧唧，清脆的腳踏車鈴鐺聲，唧噹噹一路響著，有多少年不曾聽過這種腳踏車專屬的鈴鐺聲了？也太魔幻寫實了，那當時。

待車伕九轉十八彎地踅出那窄仄的幽玄巷弄群之後，正所謂柳暗花明又一村，眼前豁然開朗的，是一個偌大的住宅區公園，午後陽光和煦的那當時，遠遠可見，公園裡的人，或跑步，或野餐，或打球，或坐在長椅上聊天，悠閒景致，竟是德里冬居兩個多月期間前所未見；當下時空再次跳接，畫面直接回到台灣，彷彿就在台北東區，彷彿就在城市漫遊蘭經常穿梭走動的雅逸巷弄裡，台北與德里，竟有如此共鳴的畫面，印度首善與台灣首善，原來並無不同！

短短不過十五分鐘，如此寫意，如此悠閒，如是浪漫！

風和日麗的午後，穿梭在住宅區內的人力車。

上：在熱鬧的市集裡，人力車、嘟嘟車、摩托車、轎車互相爭道的景象。

下：在這樣的交通幹道上，很難否定人力車的存在之必要。

總算進入我們要去的那個市集後，有別於我們平常坐車只能行走的寬闊市街，人力車伕帶我們穿走而過的，是一條僅容兩輛人力車錯身而過的小街，小街上的店家櫛比鱗次，熱鬧非凡，小吃、理髮店、電器行、雜貨店……乃至舊物回收站，經常在此出入的我，卻不知在車水馬龍的市街後面，竟是如此別有洞天的小天地，儼然就是月光市集縮編版！

抵達目的地後，我特地央求車夫讓我拍照，謝謝他帶我走過如此美好的旅程，也為當日的美好留下紀錄。

美好的事物，總是讓人上癮，在那之後，為了附庸風雅，我又特地坐了幾趟人力車，只為感受那美好的餘韻。

總以為自己已是個印度老通，卻原來，印度之大，誰敢自以為通；印度之廣，誰敢妄想自己能夠走通。

有機會到印度，除了體驗十分有當地風情特色的嘟嘟車，若有機會，也請帶著一顆穿梭時空的浪漫心情，試著坐一趟人力車吧，別以「他們好可憐」這種你尊他卑的階級眼光看待他們，職業無貴賤，人性無尊卑哩。

旅遊資訊

1. 印度「Uber」下載網址：
https://www.uber.com/zh-TW/cities/new-delhi/

2. 印度「OLA」下載網址：
https://www.olacabs.com/

在擁擠、老舊的月光市集裡，人力車才是王道，不僅載人，還可載貨。

11

當你自以為高尚在評論他時，他也正在為你下定義——嘟嘟車

二〇一六年聖誕節那個夜晚，什麼都不信卻又似乎什麼都信的葛老爹，帶著全家人一起到新德里市區的聖心主教座堂去看天主教徒望彌撒，他說這是他過去三十年來的習慣。

早已知道人潮擁擠的葛哥哥，把車子停在教堂外約一公里處的路邊後，攔著嘟嘟車要帶我們過去；就在葛哥哥和嘟嘟車司機談價格並順勢把自己塞在司機座旁時，一家之主的葛老爹，紳士讓座，讓我和葛老媽、葛弟弟三人先行入座，待葛老爹回神時，才發現已經沒有他的位置，他只好擺著一張氣呼呼的橫臉，坐在葛弟弟的大腿上。我們就這樣，一家五口疊疊樂地前往教堂。

那是我第一次看到所謂的望彌撒，心下不無震撼，訝異於印度天主教徒人口眾多之餘，也對印度風格的各式宗教面貌再次開了眼界。

返程時，在蜂湧而出的人潮中，好不容易攔到一輛嘟嘟車，意外地，還沒開始談價格，葛老爹便一馬當先、自己搶著坐到最裡面的位置去；就在我扶著葛老媽慢吞吞隨後上車之

際，葛弟弟眼明腳快，不知何時已經坐在司機身邊，擺出一副就算天塌下來也不讓座的姿態；葛哥哥價格都還沒談好，我們四人便已把整輛嘟嘟車都坐滿了。

反應慢半拍的葛哥哥，談好價格後，站在嘟嘟車外，傻愣著有一秒鐘那麼久；他雖然試圖把葛弟弟拉下車，卻拗不過葛弟弟，於是，只好茫然地望向已經安坐後座的我們。

上：新德里最古老的羅馬天主教堂——「聖心主教座堂」
下：場面盛大的印度人望彌撒

坐在門邊的我，這才發現尷尬，我和葛哥哥望著彼此，心裡想著同樣的事：總不可能是他坐在我的大腿上吧！

停格半晌後，我悶悶下車，讓出位置給葛哥哥，在他坐定後，才又重新上車，把自己的屁股疊在他的大腿上；一家五口，從頭到尾，誰也沒發出過半個聲響。

那天，我穿著一件葛老媽特地為我準備的黑色魚尾裙裝，上面繡滿亮片與反光彩珠，每一顆亮片與彩珠都像滾針似地，隨著嘟嘟車的引擎嘟嘟聲，嘟嘟地滾動在我與葛哥哥之間，真正是一個如坐針氈啊！就這樣，短短一公里的路程，不到三分鐘的時間，我卻覺得彷彿有一個世紀那麼久。

抵達我們的停車處後，在我下車轉身準備扶葛老媽時，葛哥哥閃過我的正面，往車後直接跳下，也就是在彼此身影交錯的那一刻，我瞥見他漾在嘴角那一抹掩不住笑意的靦腆，噯！我又何嘗不是小鹿亂撞。

國情不同，民族性有別，雖說印度人觀念保守，然而，從見面時的擁抱、親臉、觸腳……等常見禮儀，可知他們在肢體接觸方面的態度，是相對比較開放的；各種公共交通工具、必須排隊的公眾場合，經常可見印度人大腿黏肥臀、前胸貼後背，正當你以為他們親如一家時，卻又發現他們彼此不識，在各抵目的地後，各有前程、各自散去。

陌生人況且如此，家族親友間更不用說，葛家兩老待我如女兒，我與葛家兩兄弟也情

左：只要你給他微笑，他也會回以你無限燦爛的嘟嘟車司機。
右：無孔不入的嘟嘟車，在交通混亂的印度，是很棒的代步工具。

同手足，因此，我們的相處模式，一直都像家人般，情感真切、不拘小節。

不過，仍然必須在此聲明，無法融入如此民情的旅者，如果在旅途上遇到讓自己感覺不舒服的肢體接觸，務必立即反應。

幾乎所有自助旅者，來到印度都會搭到嘟嘟車，打開網路搜尋系統，分享搭乘嘟嘟車經驗的文章非常多，如何在漫天喊價的嘟嘟車司機群中廝殺而出，尤其是各憑本事、各有一番精彩故事。

短程、長程、計時、計日、跳表、包車、共乘……，在各種狀況、各種形式都已嚐盡過後，嘟嘟蘭對於嘟嘟車從一開始的躍躍欲試、新鮮不已，到後來，已經像看待台灣公車一樣，不僅把它當成日常風景，更是想要調鬆生活步調時的浪漫選擇，嘟嘟車在我的南亞旅行地圖裡，永遠佔有一席屬於慢活、樂活的美麗記憶。

忍不住想要加碼分享的，是一個「御用嘟嘟車司機」的故事。

來自古吉拉特（Gujarat）的維哈，在齋浦兒觀光飯店旁的嘟嘟車招呼站排班，就像所有觀光客聚集的景點一樣，這些排班人員只要看到觀光客走出飯店，便會目光炯亮，等待有緣的那一個。

已經記不得是什麼時候和維哈熟悉起來的，由於相同的宗教信仰，我們很快有了共同的生活交集與價值共識；當別的觀光客還在為十盧比、二十盧比差價打著內心戰、你來我往的時候，我們沒有討價還價，直接上路；我們的共同價值建立在，如果他多賺我的錢，那麼，在後世的清算裡，他還得還我利息；如果我硬爭上風、少給他車費，那麼，此處所佔的便宜，也總要從別處給出；造物主是公平的，這不僅是我們的共同信仰，也是普世信念。

我們就這樣培養出細水長流的友誼，只要到齋浦兒，不管住哪個旅館，搭飛機也好、坐火車也好，都是直接一通電話給維哈，讓維哈來接；後來，維哈也直接成為我的載貨司機，不管我採購多少戰利品，他總能使命必達，幫我送到集貨處，只要是齋浦兒的旅程，維哈便是我的御用司機。

維哈的體型壯碩、行動遲緩、不修邊幅，別說一般觀光客，就連和他還不是很熟悉的一開始，我也以為他不過就是個出身不好、沒有家庭背景的粗漢，直到有天維哈邀我到他家晚餐，深入他的家庭生活並有機會促膝長談後，我才知道，他不僅對孩子的教育十分重視，自己程度也不差。

維哈流落到齋浦兒當嘟嘟車司機之前，在印度西部大省邦古吉拉特的熱鬧市集裡，擁有一爿自己的雜貨店面、做著家族生意；曾經是個老闆的他，由於二〇〇二年的「古吉拉特大屠殺」事件，只好帶著全家遷離到丈母娘家齋浦兒城來，從零開始打拚。我後來查了網路，才知道那是印度近代史上的一個重大衝突事件，當今印度狂人總理莫迪（Modi），是當時古吉拉特的首席部長，不僅毫無作為，並且普遍被認為默許印度教徒對穆斯林的屠殺，那場長達兩個月的印回衝突，不僅在印度現代史留下深刻傷痕，也成為莫迪從政史上的最大汙點。

不曾遭受如此屠殺式的創傷、也不曾經歷如此顛沛流離遷徙的我，無法理解那深切悲痛；置身台灣，對印度現代史當然也不熟習，維哈對我當時滿臉茫然的無知表情，面露不

可以沿路載客的電動式三輪車，和嘟嘟車一樣，司機座位旁也常夾載一人。

可置信的無奈，我們同時了解一件事實：世界真是太大了，安居樂業與顛沛流離，即使已經面對面，卻又咫尺天涯，難能扣心！

人粗心細的維哈，其實反應靈敏；有一次，當維哈已經完成最後任務、送我到齋浦兒機場後，因我個人糊塗，沒看清楚航空公司，在航空櫃台前詢問許久，不得其門而入，正焦急著飛機就要起飛，已經決定放棄行程時，但見，維哈突然迸出；原來，他並沒有離開，而是默默守在機場外，遠遠覺得不對勁，便跑來詢問。

當時的我，腦子慌成一片空白，彷彿失智，只是杵在原地不知如何是好，唯有維哈，機智地拿起自己手機，立刻打電話到德里給代訂機票的葛哥哥，詢問航班資訊，這才知道，是我弄錯航空公司了。

人粗心細的維哈

維哈很快領我到機場另一方的正確報到櫃台，很快幫我辦完登機手續，並指示好方向，叫我一路快跑；總算，在飛機起飛前五分鐘，我也氣喘吁吁來到登機口，順利坐上預定班機。

從此，我更把維哈視為齋浦兒的御用司機兼保鑣與祕書了。

隨著印度旅遊越來越夯，越來越多台灣朋友有機會投宿到維哈長駐的那個旅館，因此，維哈載到台灣旅客的機會也越來越多，偶爾，維哈會向我講些台灣朋友貪小便宜、精打細算的苛刻行徑，讓我不免慨歎，不知有多少人間善緣、多少愉快旅程，是埋在那些錙銖必較的十盧比、二十盧比裡？

維哈的故事讓我知道，我們的出生或許不同，我們的際遇絕對有別，但，我們的靈魂，沒有高下。當我們自以為高尚地在地球這端評論印度嘟嘟車行徑時，其實他們也在遙遠的那廂為我們下定義呢！

來到印度，請別忘了，一定要體驗搭乘嘟嘟車的慢活與風雅。

12

歷經三年才搭上的那班列車——捷運

「爹地和媽咪說，妳現在去印度都不找他們了，他們非常難過。」

倫敦郊區，「水晶宮殿」（Crystal Palace）地鐵站外，印度駐倫敦外交使節人員宿舍區，印度駐倫敦外交官夫人——素曼，她語帶刺探，對我說著印度爸與印度媽過去十二年來的心情；其實，別說關係戛然而止的印度爸與印度媽，就連我與最早的印度地陪素曼，也已將近十年未見，或許，她也正揣測我千里迢迢從台灣到倫敦來的這番到訪，到底是真心？還是假意？

看到素曼以如此防備的心態，用印度爸和印度媽來問候我，我情不自禁，眼淚嘩啦啦。

「真的對不起，三年前，大哥的女兒開生日派對那天，我其實是特地要去和爹地與媽咪見面的；大哥說要開車來接我，但臨時又說他的工作走不開，要我搭捷運去。那天，我的工作非常非常重，結束白天的行程後，我真的非常非常累，但即使又累又餓，可因為已經和大哥有約，所以，我摳完已經用肥皂搓洗三次還是摳不乾淨的指甲縫、指紋縫後，還是傾盡全力即刻趕路。當時招待我的另外一個葛家，說我要去的地方非常非常遠，又遇上塞車時段，都勸我別去了，但我還是拜託他們安排。

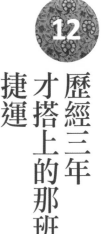

擠得像沙丁魚般的捷運尖峰時段

葛弟弟和我跑了一天，再也跑不動了，葛家看我那麼堅持，為了避開塞車、節省時間，只好派他們的雇員陪我去搭捷運，可是，剛好是下班時間，捷運擁擠得可怕，葛家雇員原本要我搭女性車廂，比較舒服，可我們語言不通，我也不知道要在哪一站下車，他怕我走失，最後還是建議我和他搭同樣的車廂。

好不容易擠上第二班列車後，那人擠人的悶滯實在讓我太不舒服了，就連葛家雇員也一副妳真的要去嗎的勸退表情；當時已經八點半，一想到至少還得要四十分鐘才會到，我估計自己的體力負荷不了這一來一回，也盤算這一來一回，時間會拖得很晚，會打擾更多人的作息，我終於決定放棄，趕在沙丁魚般的列車啟動前，又跳下了車。

當時身體非常累，心裡非常難過，走出捷運時，剛好落了雨，身心俱疲的我，在回到葛家辦公室後，也落了淚！我哭得很傷心，葛家都不知道我在哭什麼，因為，他們不認識爹地和媽咪，無法理解我們的情感，而我也無法解釋我們的關係……」

一口氣把這段三年多前的往事說完後，我有一種終於可以為自己辯解的舒暢，素曼也有一種終於諒解的釋懷；她不再遲疑，很快給人在印度的印度爸撥了電話，讓我終於再有機會問候這兩位一直欠他們一聲道歉的老人家。

「亞瑟蘭！妳的媽媽非常想妳……」電話裡，傳來印度爸熟悉的聲音，自從在印度分別後，歷經多年相思，我們終於在倫敦重逢了——以手機連線的方式。

印度爸，從不說他自己想我，可，在記憶可數的十幾年前，一直都是他在印度那端不時地問候我，像關心著一個遠在他鄉的女兒般，隔三差五地噓寒問暖，含蓄的父愛，一如華人社會，卻由於種種誤會與陰錯陽差，我們連再見都沒說地，整整十二年再沒相見。

失聯這許多年之後，意外地，竟是在倫

三年後自己一個人坐捷運，這才知道我要搭的路線叫做「Dwarka」。

敦這個第三國，才把彼此的感情線重新接上；在印度爸的親生女兒素曼居間聯繫下，我們很快回到最初，並且終於在半年後——我們分離的第十三年後，在印度重逢。

就在二〇一七年情人節前夕，直奔印度爸媽在古爾岡（Gurgaon）的家、淚眼汪汪相聚沒幾天後，我也和印度爸的大兒子——前面所說的「大哥」連絡上，我們再次相約見面，而我也終於重新搭上那條三年前沒能搭上的捷運線。

那天早上，葛哥哥在聲聲「妳已經來這麼久了還不會這個……還不會那個……」的碎碎念後，認為我應該什麼都要自己會了，就直接上班去；葛弟弟遠遠說著「妳哪裡都不能去！」便躲進房間不理我，他打從心裡希望我可以取消這趟行程，只守在葛家哪裡都不去。

一個小時後，換葛老爹要去上班了，他什麼都沒說、什麼都沒問地，直接就把我喊上車，然後，我們一路聊著他的年輕戀情，聊著聊著，捷運就到了，葛老爹停車把我丟在捷運站後，我們就直接說 bye bye 了。

在葛老爹踩著油門離去後，我才猛然想起，還沒有人教我怎麼坐捷運！

望著眼前全然陌生的街口，我突然有點慌；這是往來印度十幾年，我第一次自己一個人站在一個完全陌生的地方。

都說印度很危險，會不會發生什麼事啊？這時要再回頭向葛家人求救，別說電話說不清，肯定還要被取笑一番的，求人不如求己吧。

危機處理就是，只用了一秒鐘，我的腦袋瓜便很快切入倫敦模式；想當初，只憑手機訊息上的一個站名，勇闖天涯蘭不也是一站站地問、一站站地轉，不僅順利抵達素曼的家，還以相同模式，靠倫敦地鐵跑遍整個倫敦，在那裡生活了大半個月。

倫敦畫面出來後，我首先跑去服務台，原本是要詢問如何購買車票，卻看到排在前面的印度人正拿著一張卡片在進行加值動作，我恍然大悟，原來，這裡也是有捷運卡的！二話不說，立刻買了一張，一卡在手後，心裡踏實，接下來，只要找到路線與站名就可以了。

通過安全檢查後，剛好有位戴眼鏡的女士經過，一看就是飽讀詩書模樣，我立刻拿出手機，打開訊息，指著上面的捷運站名，問她該到哪個月台；而她也就像平常我們開車問路一樣，認真指著路，並不因我是外國人而特別攀談或好奇，我對於這樣的相處，感到十分自在，雖然還是迷糊地坐錯方向，但很快又在一位大鬍子先生的指引下，坐回正確路線，大鬍子先生他甚至指著車廂上的路線圖，告訴我紅燈亮、綠燈亮各自代表什麼意思，並清清楚楚數著該下車的那一站。

上：德里捷運卡正面

下：德里捷運卡反面——有訂製制服的廣告

獨闖德里蘭就這麼順利抵達，並在印度大哥家度過一個溫馨的下午，我們的感情不但很快回溫到以前那般親如一家，甚至為彼此許下充滿希望的未來。

由於路程實在遙遠，為了避開下班的巔峰時間，因此，我們毫不濫情，在五點以前就

左：德里捷運的第一位指路天使，看起來就是知識分子模樣
右上：德里捷運的第二位指路天使——大鬍子
右下：德里捷運的第三位指路天使，他實在太熱情、太愛聊天了。

告別彼此，接著，在印度大哥一家彷如出門散步般送我到捷運站後，很快結束這場也是闊別多年後的重逢。

因為是接近機場的終點站，又還沒到下班時間，所以，捷運站幾乎沒有什麼人，望著空曠的月台，我又慌了一陣，只好一看到人便追上去問；運氣真好，那位自己平常也不搭捷運的年輕人，跑上跑下幫我問清楚方向後，發現他剛好與我同線，便陪我一起上捷運，

上左：從捷運起始站剛出來的車廂空曠無人
上右：印度民族性十分隨興，連捷運車廂也是隨地而坐。
下：下午 5 點 51 分，太陽已經西沉的捷運車站。

並一路陪我聊天，從他的學業、工作、女友、家庭，聊到後來還教我怎麼下載德里捷運系統，完全就是靠智慧手機生活的典型，景況一如倫敦地鐵的各式觀光客；我們就這樣聊了整整四十五分鐘，直到我先到站。

人生不相見，動如參與商，一條如此簡單的捷運路線，我卻歷經三年才終於搭上，這次沒有無助的淚水，沒有扼腕的悔恨，帶回路上的，是印度爸媽一家滿滿的家庭之愛與我們對彼此未來無限的期待。而我也意外地完成德里捷運一日遊壯舉，不僅擺脫「沒有人帶就出不了門」的自我設限，並且，在印度飽受各式性侵新聞而惡名昭彰的時代，至少幫印度證明，只要自己提高警覺，不往暗處鑽去，一個外國女子還是可以單獨在印度安全旅遊的。

單趟捷運的代幣正面，與捷運卡一樣。

捷運購票資訊

1. 代幣：
用於單程，適合短期旅遊、單趟體驗的觀光客。

2. 捷運卡：
可以儲值，適合長期旅遊、有經常性需要者，當然，像我一樣，只坐一次便留著作紀念也可以。

13 不斷分離與重逢的交集地——機場

耳邊又傳來陣陣催促的聲音　我只聽到彼此無言的嘆息
在愛情的地圖上　我們有遙遠的距離
像熱帶的人們　永遠不懂　下雪的冬季
在這分離與重逢的交集地　再見可以說得如此輕易
或許我們心中　仍然殘存著期許

班機時刻即將到來，與朝夕相處的葛家即將分別，薛岳的名曲《機場》，在耳際不斷響起。

「妳難過的樣子不好看。」是在已經前往機場的路上，我才收到這樣的訊息。

「今天我第一次知道，魚離開水之後，肺葉是怎麼一分一秒開始窒息的。」

是真的感到窒息，因為，在那整整一個冬天裡，我是葛家備受寵愛的唯一女兒；葛老媽對我是無盡的寵溺，總是又親又摟不說，拿湯匙餵我吃食、三不五時給我零用錢、當洋娃娃般經常拿出不同衣服要我穿；葛老爹對我是無限信任，婚後三十年積累的心事，隨時講給我聽；而與葛家兄弟，更是無猜三人行的另有一番「我們仨」，他們把年紀長他們一輪有餘的我，當個小妹妹般地拎著到處跑。

我是這個四口之家在鵲橋上一年難得一見的共同情人，他們則是我這上無長、下無幼的孤挺蘭遺落在南亞國度、旁遮普印度的家人；在天性上，我們如此地契合，我們都熱情爛漫；在環境造就的外在性格上，我們如此有默契，我們都隨遇而安、自由無拘；我們就像在愛情地圖上尋覓彼此已久的戀人，一見鍾情、一拍即合，可，在德里這個如霧城市，我們卻又不斷地離散又重聚，重聚又離散。

班機起飛之後，我即將回到現實世界，我即將面對的，是汲汲營營的商場如戰場，是人妻、是公司管理決策者；在班機起飛後，曾經是葛家唯一掌上明珠的我，又即將再一次的什麼都不是，甚至於，不過是離開德里前一天的家族派對上，家庭合照時，我已經必須站在另

繁忙的國內班機登機櫃台

一個法律上的家人畫面裡，而不再是這個家的一分子。

咫尺天涯啊！

該如何解釋，現實世界裡的我們，其實是年齡橫跨老中青三代的輩份難分；是海洋台灣與次大陸印度的遙遙相距；尤其，是水火不容的印度教徒與伊斯蘭教徒；是敵對的印度與巴基斯坦！

以至於這一別，我們即將又是天與地，是最熟悉彼此的陌生人；這一別，就像薛岳歌聲般，我們即將遙不可及，所有記憶將成沉重行李，帶不走，卻也拋不去。

「今天的天氣也是顯得如此難過。」戀人的簡訊又來。

連日和煦的冬陽，不知為何，果真在即將離別的這日，都躲到雲層與霧霾之後，若非比我易感的戀人提醒，我甚至沒注意到這一整天都是陰沉沉。

再承受不住如此詩意的分別了！一邊傷感，已經叫人難受，兩邊傷感，實在令人心碎。於是，我決定扮演堅強的一方，破涕為笑。

「待我再返德里時，看我如何捉弄你們這些感性的！」

也是一番離愁蘭，努力把再見說得輕易些，讓期許殘存在彼此心中。

幸而，機場很快抵達，一連串的登機手續與展現在眼前的機場風景，開始沖淡離愁。

印度經濟崛起的例證，機場就可以看到，幾個主要城市的國際機場規模越來越大不說，就連國內航班的繁忙程度也已不可同日而語，國際航空運輸協會（IATA）在二〇一七年

印度國內班機客戶以本國人士為主，偶見東方面孔；我便是在這黃線被推擠的。

三月份甚至指出一個事實：印度已經連續二十二個月稱霸全球，成為成長最快的國內航空旅行市場；可不是，黑壓壓的排隊人潮，簡直比國際機場洶湧，即使不靠外來觀光客，印度本地內需市場，也足以撐起一個龐大經濟體。

便是那黑壓壓的人潮，開始沖淡離愁。

安全檢查時，等在安全門外黃線後的我，被幾個衣著光鮮亮麗、一身噹啷啷、濃妝豔抹的女孩硬推入門，她們的穿著打扮，彷若鄉下土豪，粗俗無禮模樣，讓人難以爭辯，只好被動地接受推擠，順勢向前；果然，安檢人員見狀立刻出來喝斥了一句不知什麼，所有人又全退出安全門後。看著大家的動作，我便也憨憨跟出。

輪到我進入「給妳摸摸」的布簾密室後，女安檢人員用英文問了一句「妳聽不懂印地語？」我這才委屈地為剛才的窘狀辯解：「聽不懂，剛剛是她們推我的！」

「是她們推妳的！OK！」，女安檢的態度立即和緩不少，不僅不再為一團人全擠入黃線這件事而生氣，甚至還能一邊進行安檢，一邊與我隨意談話。

嘟嘟！右邊牛仔褲口袋發出特殊聲響。不待女安檢質疑，我趕緊掏出口袋中的銀幣，那是戀人送的紀念物。

嘟嘟！左邊口袋也發出特殊聲響了，不待女安檢質疑，我又趕緊掏出左邊口袋中的另一枚銀幣，那是成雙的一對。

女安檢終於好奇，是什麼樣的寶貝，竟讓這名外國女子如此隨身攜帶；「25GM, 999, Victoria...」她拿起銀幣，一句句唸著。

是鐫刻英國維多利亞女王頭像的 999 成分銀幣，重量 25GM，是我與戀人們情感的聯繫。

在印度機場上廁所不用擔心走錯邊

雖然，離別的惆悵剎那間又被勾起，然而，原本只是屬於自己私藏的祕密信物、只能在夜深人靜暗自撫賞的紀念幣，卻彷彿有了公開證人似地，一股有人見證彼此情感確確實實存在的小確喜，油然而生。

但，我依舊努力不讓自己耽溺在如此愛難斷、情難捨的離緒，通過安全門後，一看到令人眼花撩亂的免稅商店，便又縱情在那物慾橫流的深淵了。

放眼看去，視線所及的各式櫥窗，雖不至於萬相包羅，但，麻雀雖小、五臟俱全；中央吧台區提供各式飲品、輕食與舒適座位，環繞吧台四周則有服飾店、書店、玩具店、珠寶店、化妝品店、電子產品專賣店……，從國際品牌到國內精品都有，真要細逛，一整天也逛不完。

我就這麼為打發時間而打發時間，認真逛到離起飛時間只剩二十分鐘，才猛然想起，直奔登機口；幸好，還搭上最後一輛空蕩蕩的機場巴士。

幾乎是最後上機的旅客，也因此，才剛坐定，還沒回神，飛機便已開始往跑道滑行。

腦袋一空下來，情緒的流動神經便又不受控制了；腦海裡流轉的，全是離別當下的惆悵；無法直視彼此的不捨眼神、情不自禁輕擁時的體溫、相視而笑中的默契，彷如偶像劇畫面，一幕幕跳出，然後，就在飛機離地剎那，望著漸遠漸暗的地面燈光，兩行清淚逕自流淌而下，一時之間，分不清那是冬季班機竟難得沒有誤點的感動淚水，還是與戀

上：德里國內機場裡的購物區路線指標
下：光是兒童玩偶區就佔這麼大的牆面，圖中為穿著印度傳統服裝的芭比

人們不得不再一次分離的悸動淚水；經常在電影裡看到由飛機外看著機艙內人影飛去的浪漫畫面，如今，易地而處，如實上演。真正是一個看戲時傻，演戲時瘋啊。

德里到齋浦兒，路程約兩百六十公里，坐火車要五個小時，包專車直奔也得三～四個小時，搭飛機卻竟只要短短四十五分鐘；感覺飛機才剛離地，我在飛到安全高度前的熄燈期間，因為憂傷帶來的疲累，不過闔個眼小憩，再睜開眼，機艙已經開燈又熄燈，準備降落了。

航程太短，還來不及消化與戀人們分別後的愁緒，新的旅程，已經展開。

沒有相許再見的承諾，沒有互綁未來的約束，我們只是默默信守彼此心中默契；戀人繼續把工作當女朋友，等待我的下次歸來，我在抵達旅程終點的翌日清晨，將我們的這段故事寫下。當然，我們也都在各自心中留下殘存的期許，期許這只是短暫的離散，期許我們可以很快重聚。

後記1

所有勵志書、勵志語都鼓勵大家，人生裡，要把每一次都當作是最後一次，想做什麼就去做，以免未來後悔。無怨無悔蘭也總是這樣勉勵自己，因此，很少有後悔、遺憾之事。

不過，有一件事情，我真的後悔不已。

離開印度時，葛老媽和葛家兄弟送我到機場，即將走入海關大門時，心中萬分不捨，很想回頭再抱抱他們每一個人，但是，一方面在內心某個角落已經認定葛家是家，忘記把那次當作可能是最後一次，所以，是抱著「昂首闊步、快去快回」的心情離開的，一方面，在心裡我告訴自己，「不，我不要讓那樣的劇碼發生。」

那是一個來自印度經典電影《勇奪芳心》（Dilwale Dulhania Le Jayenge）的片段，後來經常被印度大大小小電影不斷重複引用；就是，當女主角即將踏上火車時，男主角在遠遠的後面演著一場內心戲，唸著「回頭、回頭」，如果女主角回頭，就證明她是愛他的。

當然，女主角回頭了，後來他們也幸福地在一起了。

印度人的生活乃至思想、行為，深受印度電影影響，每個人都希望自己的人生也像電影一樣浪漫。

機場送行那天，平常極其內斂的葛哥哥，後來又追到已經混入排隊入群的我，和我再次擊拳道別，葛弟弟則在後來才說，他兩次回頭看著我，我卻頭也不回地離開了。

這便是我之所以後悔的。

不知為什麼，平常也是浪漫主義至上的我，和葛家風風火火、朝夕相處一整個冬天後，卻在最後離別的時刻，選擇一個很不浪漫的方式離開了。

送機

如今只能安慰自己，如果後悔也是人生之必須，那麼，就讓我為這件事情後悔一輩子吧。

以此分享給所有去印度玩的朋友們，不管是用哪個方式道別，一定記得和送行的印度朋友玩玩「回頭、回頭」這個遊戲。

回顧這些年來印度國內班機的轉變，不免唏噓；受印度婦女地位普遍低落的既定印象影響，一直以來，總特別注意女性的身影。十幾年前，在國內航班的機場裡，最吸引我目光的，都是那些難得一見的女性上班族，她們或拎手提電腦、或提公事包，即使身著紗麗，也能顯出一身幹練，當時她們已經跳脫傳統窠臼，擁有事業上的一片天。

如今，吸引我目光的，依舊是各式女性身影，她們不再只是出公差的職場女強人，更多是與家人同遊的女子，可能是母親，可能是女兒，例如：上文中將我推擠硬進入安全門黃線的女孩，之所以猜測她們可能是鄉下土豪，那是因為，都市女孩早已不這麼一身噹啷啷走在大街上，更別說是出遠門搭飛機；瞧，另外一頭，有群看似結伴出來玩耍的女孩，手上甚至還都提著同樣一家出品的購物袋，她們有的足蹬長靴，有的身著南洋風休閒褲，更多是穿著緊身牛仔褲、合身T

德里機場國內航班登機處的黑壓壓人潮

恤的時髦裝扮，她們都是一般陸地旅遊時，難能得見的都會風景，卻能在印度國內航班中，看到各式身影，絕對值得一見。

在印度旅遊狀況特別多，航空旅遊也不例外；曾遇過班機誤點導致旅客與地勤大吵特吵；也曾經遇過國內航班掛在國際航線讓旅客霧颯颯，以至於搞得像「機場主題旅遊」似地，搭著機場巴士從國內機場繞到國際機場，逛大街般繞了大半個小時，將機場內部全看了個透。不同時期，我和旅伴遭遇過各種不同情況，進展到如今，冬季班機不但沒有誤點，還能比預定時間提早至少十五分鐘抵達，這在在說明印度的蛻變。

時至今日，印度雖還不到全面性的民智大開，但，世代交替斷層明顯，觀念的確與以往已經大大不同。來到印度，如果進不到市井，無法一窺印度中產階級上班族全貌，又想深入貼近地直接體驗新世代印度風景，那麼，任選一個航程，來一趟印度國內航班之旅就對了！

育

印度號稱宗教博物館，在印度，幾乎人人可以説上一套自己的心靈哲學，以至於，從全球各地專程前來印度參加各式靈性體驗的朋友，猶如過江之鯽，從不間斷。

因此，來到印度這個寶地，只要有機會，不一定要四、五天，就算只有一、兩個小時，也能透過飯店安排一堂簡易的身心靈課程，絕對不要空手而歸哦。

14 印度國民操？——瑜珈

旅途中，難免有些不順遂，難免有些不愉快，難免有些坎坷、有些心酸；那天，便是因為旅途的不如意，我窩在房間跟自己鬧彆扭，在哭濕了床單之後，原想取消所有行程，就此自閉一整天的，但是，出門在外，並非凡事靠自己，為了不枉費友人已經費心安排好的瑜珈課程，所以，擦乾淚水後，整好裝，還是按照預定時間來到瑜珈教室。

那是一個個人經營的家庭式小教室，約莫七坪大小，樓上就是住家，樓下原本應該是置放雜物的玄關空間，鋪上木頭地板、漆淨牆壁後，再訂製一面落地鏡，一個小小瑜珈教室，也就是一個印度女兒創業圓夢的小天地。

瑜珈老師——許媞意外地年輕，不過二十五歲；一進教室，便要我將外衣脫掉、維持輕鬆的運動狀態，與此同時，簡單問了我來自何方、預計在印度待多久之後，什麼都沒有多說地，便開始我們的課程。

不知是否鑒於我是初學，又是旅遊者身分，所以，許媞並不給予太多語言上的解說，而是直接以肢體動作，搭配短而帶有韻律的口號，一個口令、一個動作，帶著我慢慢做，在結束時，甚至慢動作分解，接受我一個步驟一個步驟慢慢拍照。

從頭到尾，就像做柔軟操似的，幾乎沒有用到什麼氣力，這讓平常總以跳舞當運動的我，一整個覺得好斯文；而其中有許多環節都必須配合呼吸，這也讓總是用深呼吸來調息體內氣流的我，如魚得水。因此，當許媞說我學得很快時，我也就自以為天資聰敏地洋洋得意，直到半個小時的課程結束後，不僅全身暖呼呼，而且，當老師要我併入下一班，與其他同學繼續練習時，已經休息過一陣的我，發現身體早已放鬆下來，雖不至於輕飄飄，可，經絡展開後的疲憊感，讓我沒有力氣起身做第二回合，這才感受到做瑜珈彷彿喝溫酒般的後勁。

對瑜珈的好奇，來自於《印度尋祕之旅：在印度遇見馬哈希》一書，作者是事業一帆風順的倫敦記者，平日帶著西方理性邏輯的訓練與崇尚自由意志的好辯精神，過著一種與外在環境疏離的內在生活，禁不住內心的強烈呼喚，航海到印度尋找科學懷疑主義所未能滿足他的玄妙精神奧義。

作者本身的學識與潛力，對於高不成低不就、依舊看不破紅塵的我而言，頗具說服力，人們總需要一個英雄來提醒自己的不足，並作為向上繼續提升的動力；而書中對「瑜珈士」一詞的追尋與執著，讓我模模糊糊理解到，瑜珈可能不純粹是一個新興時代的時髦追求，而是一個擁有古老歷史的靈性淬鍊，礙於宗教因素不曾碰觸瑜珈的我，自此埋下一顆種子：再有機會，或許不排斥瑜珈了。

是因為這樣，所以，竟是在往來印度十幾年之後，才終於第一次直接在瑜珈發源地——印度體驗瑜珈；而實際經驗也告訴我，瑜珈派別眾多，只要不把自己往難處想去，它的確可以是個猶如柔軟操般的溫和運動，在印度普遍的程度，就像我們在學校天天要做早操似的。

把過去的刻板印象排除，將瑜珈與宗教的矛盾解開之後，我真開心，從此多了一個在體能狀況不好時，依舊可以維持運動習慣的溫和選項。

當天的瑜珈課程只有兩個招式，在許媞分解完細部動作讓我拍照後，基於好奇，我希望可以知道自己所學招式的名稱，這就像習武一樣，你總得知道自己所學的是獨孤九劍，還是玉女心經；許媞很快寫下兩個英文單字，並告訴我，所有印度瑜珈基礎，都是從這兩個招式發展出來。

坐在電腦桌前，我上網查了第一個單字；是「艾楊格瑜珈」（IYENGAR YOGA）。只要一張四腳折疊椅，不用十分鐘，就可以完成一套紓解身心的瑜珈運動。

老實說，當許媞拿出那張摺疊椅時，我心下不免一驚，「什麼寒傖的瑜珈教室啊？竟用如此陽春的教學工具？」是在事後補做功課時，才知道，原來許媞口中「所有印度瑜珈基礎，都在這裡」的真義：凡事回歸簡單，就是真理。

我接著又查了第二套瑜珈法，是體位呼吸法（VINYASA YOGA）。每一個動作都十分簡單，但是，每一個動作都必須完美地搭配正確呼吸節奏，才能得其精隨，達到運動效果；由於預約的時間非常短暫，因此，當我發現這是一套需要長時間練習才能臻於極致的瑜珈功法時，便決定當作研究學問般，退而求其次，能解箇中大義即可。

做完那次瑜珈後，雖我已頗能感受瑜珈的美好，卻也深深明白，這項必須結合身心智的運動，似乎並不適合目前在各方面都還十分浮動的我，但我依舊誠心肯定這項源於古印度、超過六千年歷史的運動藝術；尤其，在印度現任總理莫迪的推動下，印度政府不僅成立了一個所謂的「瑜珈部」，讓瑜珈堂而皇之成為印度國民操，聯合國甚至在二〇一四年，直接將六月二十一日——北半球一年中最長的一日，訂為「國際瑜珈日」；身為「最佳代言人」的莫迪，劍及履及，在美國白宮晚宴、在中國微博、在會見俄羅斯總統普丁時……

幾乎都能把瑜珈帶入話題，使得瑜珈甚至染上那麼一點「權貴」色彩，讓這項早已普及民間的古老文化，更具魅力，成為印度軟實力經濟輸出中，獨具野心的一環。

因此，來到印度，怎能錯過體驗這項源於印度本土的身心智鍛鍊機會呢？在印度，到處都有瑜珈中心，即使參加團體旅遊，各大飯店也幾乎都有提供教室體驗，在出發前往印度各大景點巡禮之前，不妨先來一段瑜珈，將自己身體、心靈、精神都徹底歸零，如此，展望旅程，肯定是元氣滿滿的啦。

是的，在許媞的帶領下，專心一致做完那半個小時的瑜珈後，我不但早已忘記先前的淚水，而且，注意力一轉，開始好奇起她的夢想天地來了。

仔細一看，這間約莫七坪大小的教室，應該是作為停車用的一樓空間，在略加裝潢後，鋪上木頭地板、漆淨牆壁，再訂製一面落地鏡，一個小小的夢想天地，也就形成，瑜珈墊、瑜珈磚、瑜珈帶……俱足，而且，除了瑜珈課程外，工作室還兼做舞蹈教室、冥想中心；原本以為二樓也是教室，才能開出這麼多課程，待許媞帶我上樓喝水時，卻才知道，樓上就是住家，母親是傳統的專職家庭主婦，在許媞已經上完不知幾個班了，她才剛午睡起來，準備做飯呢！

小小年紀的許媞，是怎麼說服父母讓她成立如此工作室？而她自己又是憑著何許本事如此勇敢築夢的？這些背後的故事，在在引起我的好奇，都說印度女性地位低落，印度女子不受重視，但是，在許媞身上，我看不到如此窠臼。

或許，瑜珈只是我和許媞的引子，我認真期待和她的再相見，畢竟，她可是我生命中的第一位瑜珈老師呢！

艾楊格瑜珈
（IYENGAR YOGA）
圖解

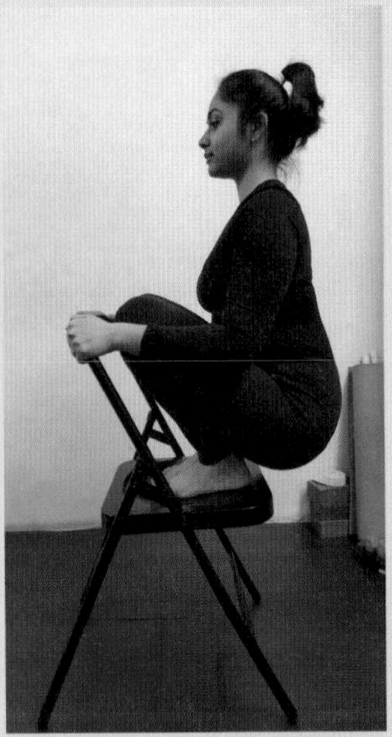

②全身保持平衡，蹲坐在瑜珈椅上側面圖。

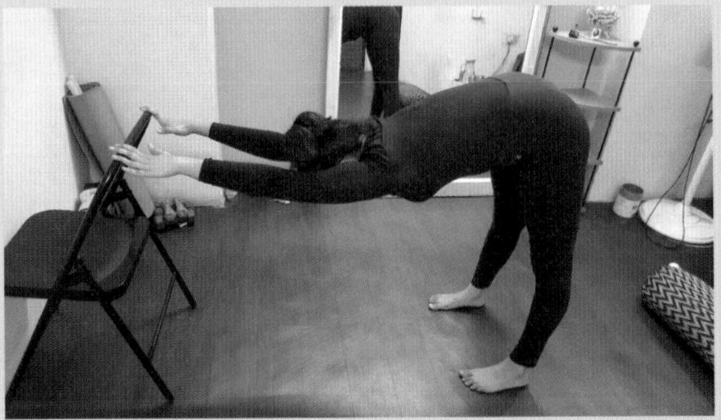

① 兩腳打開與瑜珈椅同寬，雙手平鋪置於瑜珈椅背，讓身體呈 90 度。

⑧ 移動雙手與身體，使成與「⑦」對稱的動作。

⑦ 慢慢將身體抽出，站到椅背，一手扶椅墊頂點，一手伸向天際，雙手成 180 度，側身彎腰伸展全身。

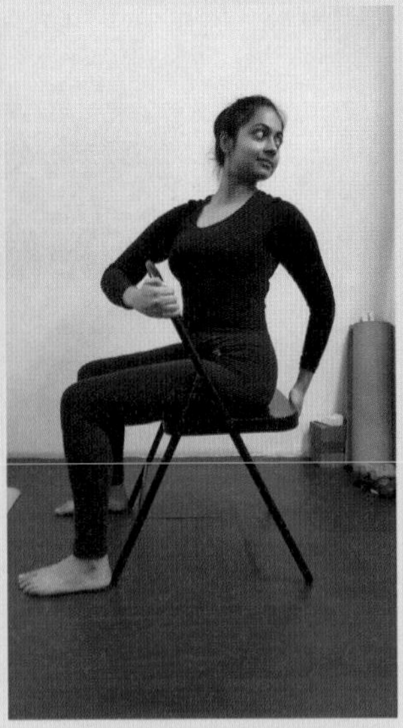

⑥ 移動雙手與身體，轉身成與「⑤」對稱的動作。

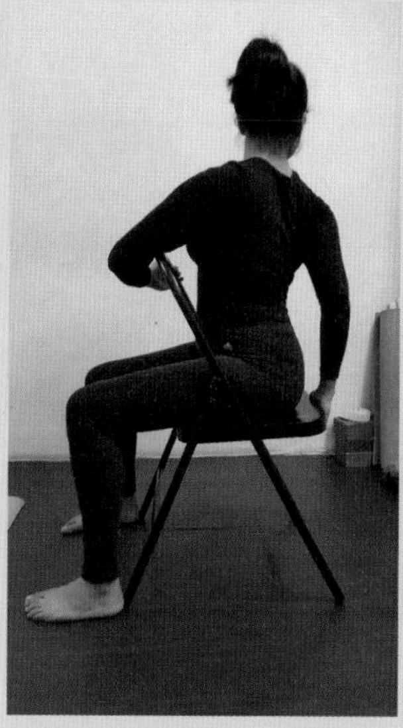

⑤ 雙臀坐於瑜珈椅上，將雙腳伸出置於瑜珈椅後，挺直身側轉腰，雙手成 180 度，分別扶在瑜珈椅的椅背和椅墊頂點。

④ 雙腳成「開弓狀」，側身彎腰，維持平衡，手扶瑜珈椅後腳。

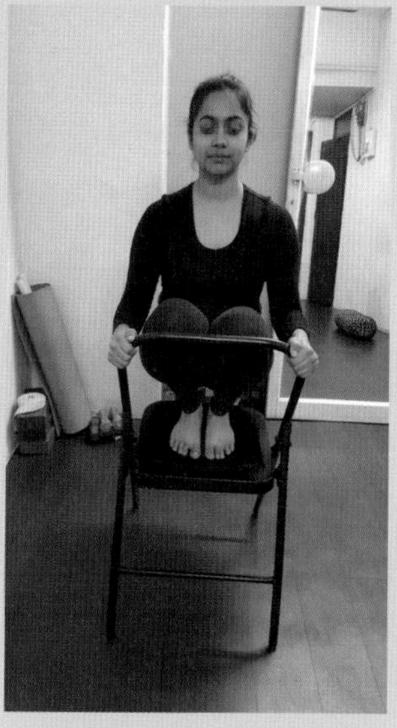

③ 全身保持平衡，蹲坐在瑜珈椅上正面圖。

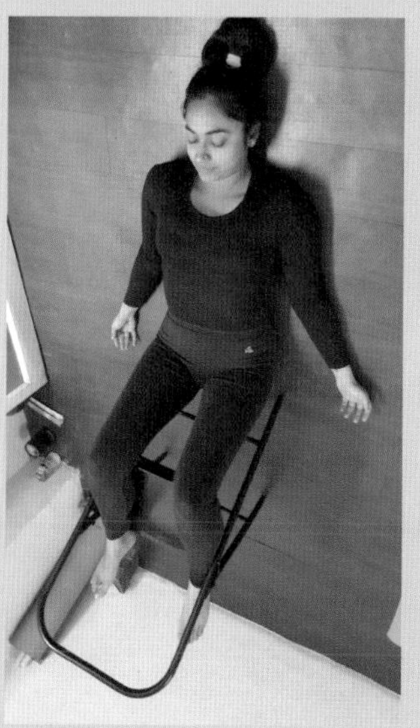

全身放鬆圖

⑩ 全身平躺於地板，將雙腳置於瑜珈椅上，此時，全身呈放鬆狀態，結束。

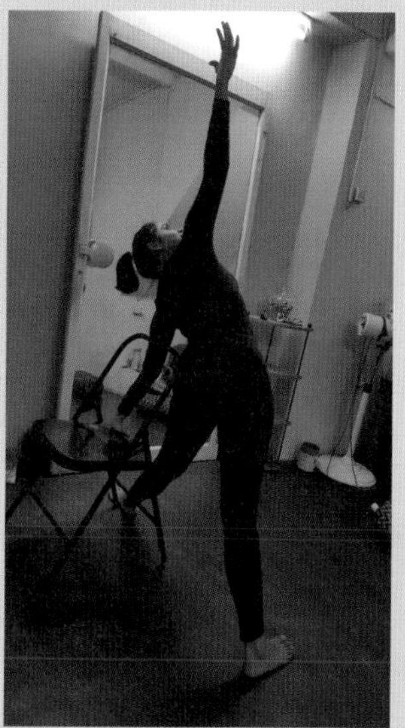

⑨ 前一動作的背面照

體位呼吸法（VINYASA YOGA）
圖解

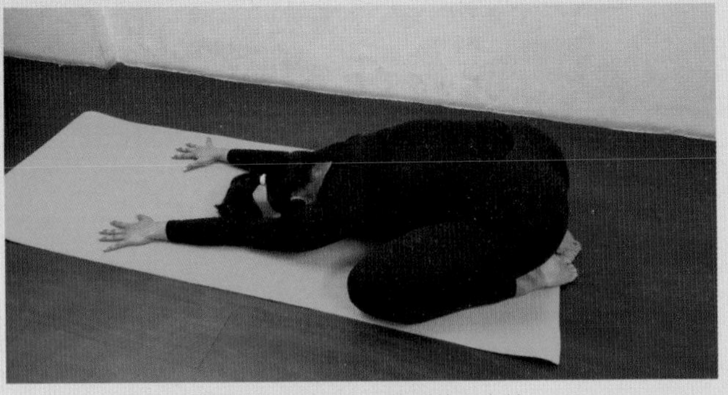

① 全身以「蛙狀」平趴於瑜珈墊上，雙手伸直向前。

② 挺起腰身，使身體呈倒 V 型。

③ 將右腳往前提，使與雙掌齊。

④ 上一個動作的正面圖

⑤ 將左腳往前提，使身體呈自然彎身動作，雙手呈自然下垂。

⑥ 將雙手往上直伸，使身體呈「一線天」狀態。

⑦ 將雙手放下，回復彎身的狀態。

⑧ 雙手扶地，將右腳往後退。

⑨ 將左腳往後退，使身體回復到倒 V 型。

⑩ 將左腳往前提，使與雙掌齊。

體位呼吸法（VINYASA YOGA）
圖解

⑪ 將右腳往前提，使身體呈自然彎身動作，雙手呈自然下垂。

⑬ 將雙手放下，回復彎身的狀態。

⑫ 將雙手往上直伸，使身體呈「一線天」狀態。

⑭ 雙手扶地，將左腳往後退。

⑮ 將右腳往後退，使身體回復到倒 V 型。

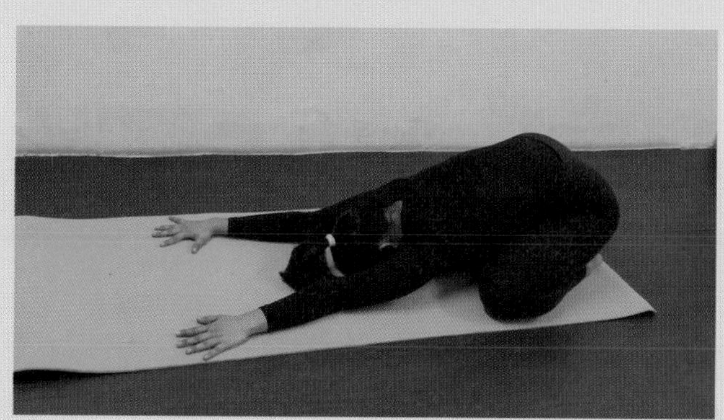

⑯ 將身體趴下，回復「蛙狀」，結束。

15

給我按摩，其餘免談？——阿育吠陀

二〇一七年初，蟄居葛家期間，除了空汙偶爾造成的呼吸道不適外，身體大致無恙，沒想，期間因為到大陸西北出席一個文學會議，反倒因為不適應高原氣候，一下飛機就開始發燒、咳嗽、流鼻水；不知是心有靈犀還是相思成疾，分隔不過五日，再返回印度，連葛家也咳成一片；再看臉書社群朋友，沒想也是哀鴻遍野，這才知道，許是冬天流感之故，全世界都在感冒！

舟車勞頓造成的身體不適，不僅讓我咕嚕嚕開始說起只有自己能懂的華語，還導致三叉神經痛舊疾發作，緊接著，整個身體開始虛弱下來，終於，從肩頸開始，全身抗議，痠痛不已，以至於有那麼一天，我就癱在家裡一整天，什麼地方也走不了。

是在如此不舒服的情況下，我才猛然想到，「妳這大笨蛋，平常是遠在天邊，想嘗試也沒機會，如今是一個近在眼前，人已經就在印度了，怎不去嘗試一下阿育吠陀療法呢！」

於是，再隔天起床，一見病況沒有好轉，我便直驅阿育吠陀養生中心了。

阿育吠陀，是佛教和印度教的傳統醫學，由「阿育」和「吠陀」兩個字根組成：阿育（Ayur）是指生命，吠陀（Veda）泛指智慧、科學。於是，在古代具有長生術之迷信意義的阿育吠陀，到了現代，不但是被賦予生命科學意義的自然療法，在發源地印度歷五千年歷史而不衰，而且，早已擴大為風靡全球的保健藝術。

走進這家位於觀光熱區小巷弄地下室的阿育吠陀中心，沿著階梯牆面，貼滿各式吸引人的鑲框海報，全身油浴、脊柱推拿、油滴額頭……傳統阿育吠陀的藥草按摩，本身就有許多形式。

左：在觀光市集裡，只要睜大眼睛瞧，很容易找到打著阿育吠陀名號的按摩中心。

右：視覺行銷真的很重要，光看樓梯間的各種按摩海報，就覺得自己已經阿育吠陀了。

站在櫃檯詢問各式按摩價格時，隱約已經可以窺見，櫃檯後方狹隘的走道兩側，咖啡色木門暗掩著一間間彷如煉丹房般的密室，而待走進層層深入的按摩室，一窺堂奧後，更能發現，蒸浴、泡浴各種現代化設備也都齊全，原來，SPA 正是起源於阿育吠陀呢！不過，會來到這種地方的觀光客，大概像阿育蘭一樣，也都是衝著阿育吠陀這古老療法而來，肯定不會想要大老遠出國跑來印度還體驗那些在自己本國就能體驗的設備，因此，不管蒸浴室或泡澡池，都呈現一種久已無人寵幸的頹廢模樣。

四處擺設的瓶瓶罐罐，裝的是什麼寶貝藥草、藥粉與藥油，我一個也識不出，只知，當按摩師開始為我進行第一次油壓時，我比手畫腳告訴她，肩頸特別痠痛、必須加強治療，她信步走出按摩室，再回來時，換上的藥油氣味便已完全不同，不僅芳香撲鼻，讓人精神一振，就連肌膚也能感受到毛細孔已經微微張開的舒暢，大自然界的藥草魔力，由此可見。

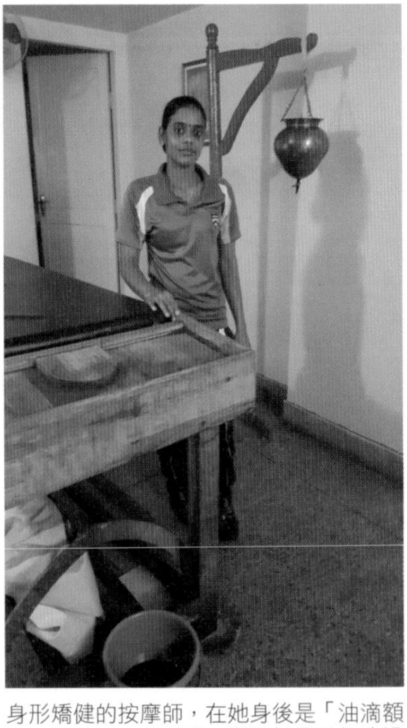
身形矯健的按摩師，在她身後是「油滴額頭」用的倒金蔥銅壺，塑膠桶是已經滴過的油，不知他們是否回收就是？

按摩師的英語完全不通，我比手畫腳的這裡痛、那裡痠，她多少可以意會，但，她喃喃自語說著的不知什麼，我完全不解其意，最後，便也只能順著她的肢體指揮，做著她要我配合的姿勢改變。

許是太久沒有按摩了，許是當時身體真的太虛了，按摩師的力道並不特別強勁，但是，順著她的手指，藥油所到之處，肩背的每一寸肌膚，都能讓我感到久旱逢甘雨的潤澤，短短三十分鐘的肩背推拿，雖仍意猶未盡，卻也讓肩頸釋重不少，走出按摩中心時，不但腳步輕盈許多，再回到電腦桌前，手臂甚至已經可以輕易舉起，不過一日前，還擔心自己是否五十肩的危機感，已經消除，阿育吠陀療法之魅力，由此可見。

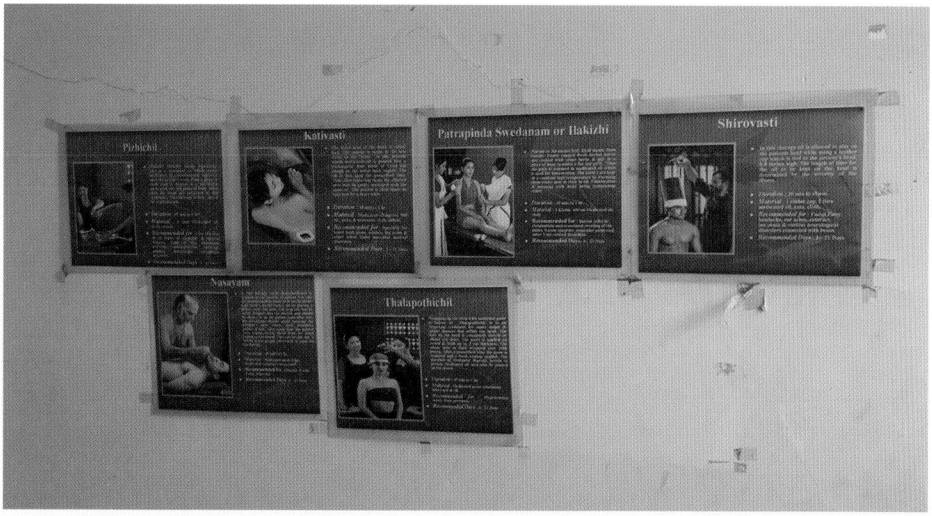

古老的阿育吠陀療法都是用印度文發音，沒有可以相對應的英文單字，因此，他們都會另附圖式解說，所以不用擔心語言不通，按圖索驥即可。

同樣的按摩中心，我後來又去做了一次全身按摩，不一樣的按摩師，力道也沒什麼勁，留下的深刻印象，都是那濃郁的天然藥草香。

按摩是會上癮的，不數日後，在一家旅館的各項服務指南再次看到阿育吠陀按摩廣告時，我又向旅館預約，隔日，便在櫃檯領班帶領下，走到位於旅館餐廳後方、十分隱密的按摩室，再次按圖索驥；這次指著「油滴額頭」的照片，談妥價錢，立即展開。

根據簡介，這項阿育吠陀療法是將草藥藥油以特殊的方式傾注在額頭上，以此做印度式頭部按摩，不僅可以消除緊張，也可以減低壓力；聽起來是非常古老的療法，卻簡直是為現代人設計的。

按摩師身型矯健，動作俐落，她很快幫我做完一次全身按摩，接著用毛巾將我額頭穩妥地包覆好，然後便移來那個照片上很有廣告效果的倒金蔥造型銅壺；不久，我便開始感到額頭有一滴滴的熱油由緩而急不斷流淌而下了。

隨著藥油從額頭往髮際、天靈蓋四處漫去，腦神經開始感到一陣陣溫熱的舒暢與飄眩，朦朦朧朧也就暈暈然睡去；本以為還會輔以局部按摩的，沒想，接下來什麼都沒有，就這麼直到整壺藥油滴完，整個療程也就結束。原來，這就是所謂的「印度式頭部按摩」，非以掌心、非以指尖，竟是直接讓藥油一滴一滴來幫你按摩！古印度人的智慧，怎不叫人驚嘆！

比較讓我覺得不可思議的是，同樣都在德里，同樣打著阿育吠陀名號，市區專業中心的肩背按摩，四十五分鐘就要索價一千盧比，而葛老媽每個星期固定到府服務的按摩師，憑著自備的藥油，給葛老媽從頭到肩背及至全身，又抬腳、又翻身……，每每將葛老媽搓摩得舒服地噯噯叫的，兩個小時過去，竟只收葛老媽現金一百盧比！

印度什麼都沒有行情價的階級式消

左：位於地下室的按摩中心櫃檯，仔細看便會發現，到處都有瓶瓶罐罐的藥油。

右：彷如煉丹密房的按摩室，男女有別。

費，十幾年過去，至今叫我丈二金剛摸不著腦呀。

所謂的阿育吠陀療法，其實還包括飲食診斷，但寄居葛家期間並沒有特別的身體不舒服，也就沒有特別想到要去看阿育吠陀醫師；雖說至今沒有把這阿育吠陀療法追根究柢看個仔細，好像有點可惜，不過，凡事總得留個遺憾，如此便有再到印度的理由啦！

行旅在外，趕路也好，舟車勞頓也好，保持體力最佳狀況，是維持旅途品質最重要的一環，白天在外面盡情玩耍，到了晚上，只要沒有特別的活動，那麼，不用猶豫，來一趟阿育吠陀按摩就對了。

左：阿育吠陀診所的小小看板，需有專人介紹才比較容易找到。
右：印度男生普遍愛漂亮，很注重保養與身心調息哦！

16

鴨仔蘭聽雷之心法大全？——靈性課程

「妳希望我講印地語還是講英語？」（註：印地語指的是北印度通用語「Hindi」）大鬍子講師指著全場唯一的外國人問。

「印地語就可以了。」鴨仔聽雷，反正都聽不懂，我傻呼呼地回。

「嘩！！」全場驚呼。

印度人真熱情！

然後，講師說著：「妳能懂印地語，真是太好了！」

鴨仔蘭這才知道，誤會誤很大，便趕緊指著身邊的葛老媽說：「不，因為如果你講英語，她會聽不懂。」

全場接著一陣沉默，這顯然是個難題。

印度國土廣大、民族複雜，各地方言非常多，光是政府發行的紙幣，除了標示英文和印地語（Hindi）兩種主要文字外，還另有十五種方言標示，雖說印地語是主要的官方語言，

上：大鬍子講師
下：五人一組活動進行時，我和葛老媽之外的另三位小組成員

但是，就像台灣人未必都看得懂台語文、未必都能講台語一樣，印度人彼此之間，到底怎麼溝通，別說外國人霧裡看花，就連印度人自己也得在不同場合找出不同的公約數。

因此，應該是錫克教徒的大鬍子講師，一開始便做了語言調查。

「聽不懂旁遮普語的請舉手。」

「旁遮普」是錫克教徒的原鄉，旁遮普語是他們的母語；當然，在場並非全是旁遮普人，因此，只有將近三分之一的人舉手。

「聽不懂英語的請舉手。」

太令我吃驚了！全場竟然沒有一個人舉手，中產階級對英文教育的重視，由此可見一般（當時葛老媽遲

上：美食分享
下：美食分享時，大家秩序井然很快地圍成大圈圈，講師與助教則在中間形成小圈圈。

到，因此沒有舉手）。

以為講師接著要問有誰聽不懂印地語，已經準備要舉手了，沒想，他卻直接望著我問：「妳希望我講印地語還是講英語？」

別說自己的英文程度並沒有好到可以聽說流利，印度人的英語腔調，也是難辨得出名。與其一知半解聽得辛苦，不如完全聽不懂；因此，我反射性逃避，直接用兩個印地語單詞回覆：「印地語就可以了」，沒想會因此惹來全場歡呼。

在如此情況下，全場只有我不懂印地語，只有葛老媽不懂英語，如果你是講師，會怎麼上課？

大鬍子講師做了一個結論：「那就混合著講。」

雖然鴨仔蘭真心希望講師可以乾脆只講印地語，如此便能冠冕堂皇發楞呆，但，以主辦單位的立場而言，他們一定希望可以照顧到每個學員。

在不想引起過多注目的前提下，既然已經置身其中，時間也早已空出來了，於是，我不置可否，沒再發聲，接下來便努力在英印夾雜的對話裡，試圖抓一些自己能懂的關鍵字。

這是一個為期五天的心靈課程；在第一天裡，講師做了兩個主要提問，讓大家自由發表；「你為什麼要來上這個課程？」「在你的生命中，有什麼是你覺得重要的？」

我很快便發現，這些提問的重點，不在於答案本身，而在於講師與成員間的對話和互動。

過去，我只在電影院有過和印度人一起經歷共同畫面的體驗，對於他們隨電影劇情起伏，全場跟著或驚呼、或唏噓、或唉聲嘆氣的奔放式情感，印象深刻；如今，置身靈性團體之中，意外看到，印度人就連參加本質應該屬於潛沉的靜心課程，也是熱情有勁；他們勇於表達個人意見，不怯於在陌生人面前釋放情感的民族性，實在是本質相對含蓄的台灣人所無法理解，連我這聽不懂印地語的外國人，抱著看熱鬧的心情隱身角落，竟也能看得津津有味，完全無感於時光流逝，很快就結束上半場。

接著，短短休息不到十分鐘，讓有需要的學員自行離去喝水、上廁所後，第二位上場的講師，便直接帶領大家開始做這個團體對外聞名的重點課程：淨化呼吸。

最早知道這種呼吸法，是在一本名為《鑽石切割師》的靈性書籍看到，如今，終於有幸一窺全貌，才知道這是一套綜合呼吸法，對我而言，是完全新奇的體驗；但，不知是否由於自己已有內建多年的呼吸節奏，導致身體系統對這套呼吸功法，有官能上的反射性排斥？因此，在一開始的長呼吸練習裡，我還能勉強配合，到後面開始變化呼吸節奏時，我便發現這套呼吸法對我而言太猛烈了，而且，由於輕微的敏感體質，在努力跟上呼吸節奏不久後，便察覺已有「靈體」侵入；經常受「鬼壓床」之苦的我，非常理解那種全身不受意志使喚的駭異與惶恐，於是，當舞動的幻影開始出現時，我便立刻張開眼睛，沒有繼續跟下去。

或許是抗拒，或許是自我保護，總之，後面整整將近一個小時裡，雖我仍抱著勇於嘗試的心情，試圖只以呼吸練習來看待這項全新的靈性體驗，但是，劇烈的呼吸節奏，依舊不是當下靈肉所能承受，我終究不再勉強自己，完全放棄。

我開始斜眼瞥看身邊其他學員，有的情況比我更糟，已經軟趴趴蜷曲著身體在一旁休息；有的雖仍正襟危坐，但顯然和我一樣，無法進入；大多數的人，則都已經跟著講師的呼吸心法，進入一種若似集體狂喜的狀態了。

似乎，除了鴨仔蘭以外，大部分人都是早有心理準備而來的，因此，一個多小時的呼吸練習結束、燈光漸漸亮起後，大部分人似乎都受到莫大心靈洗滌；但見他們靜悄悄起身，默默陸續離去，沒有任何人心有疑慮，就連平常總有無厘頭反應、做事總三分熱度的葛老媽，也十分投入。（後來才知道，有許多人都已經上過課程，是來做「複訓」的。）這於是，本來已經決定上完第一天就不再來的我，也只好捨命陪君子，奉陪葛老媽到底。

在接下來幾天的課程裡，講師陸續做了幾個不同的拋問；「有什麼讓你快樂？」「請舉出生活中，任何互相對立的事物，例如：黑與白。」……並在所有拋問之後，總結出讓自己快樂的心法。

做任何事情都要百分之百投入、不要在意別人眼光，努力做自己……講師所強調的重點結論，都是自己經常使用的自療心法，因此，即使聽不懂印地語，但只要抓住不斷反覆

錫克教大叔從來沒有缺席

的幾個英文關鍵字，便也能理解重點；原來，無論國度，正向能量的鼓勵詞，大同小異，普世價值由此可見。

意外的發現是，在台灣，各種靈性課程幾乎都以女性為主，可在印度，好像男性也很注重這個，而且，年齡層跨很大，有和母親一起來上課的高中男生，有來自各職場領域的年青人，甚至還有好幾位白髮蒼蒼的爺爺；觀察這些「戲外人生」，是我的加碼收穫。

我們的課程高潮，發生在第四天。

就在第三天晚上九點準時下課時，講師宣布隔天早上九點就要上課，而且要帶各自家裡的美食來分享。

我和葛老媽都是沒什麼神經的人，事前對於整個課程安排，並不十分瞭然，一聽到早上九點就要上課，葛老媽不可置信，嚷嚷著連問好幾次，我則斬釘截鐵直接跟助教說：「不可能」；聽到不可能這個詞，助教們都睜大眼睛無法理解。的確，一般時段的上班族，怎能理解一個過午才上班、半夜兩點才睡覺的家庭，為何無法在早上九點來上課？就像我也無法理解竟有人六、七點就已經起床趕著上班一樣吧；畢竟，總是全家最早起的我，也經常睡到九點以後。

葛老媽的兩個兒子聽到早上九點要上課的消息後，幸災樂禍，簡直比我和葛老媽還來勁；葛弟弟說會七點起來 morning call，葛哥哥則說會提早去上班，順便載我們。

果然，當天第一個最早自然醒的人，依舊是捨命陪君蘭；當我在七點十五分走到廚房喝水時，不知哪個房間傳出來的鬧鐘聲，也剛好唱得清亮；還眷戀溫暖被窩的我，踮著腳步很快回到自己房間，好奇著想看，是誰會那麼認真起床。

等著等著，等到自己也不小心又睡著了；真等到終於有動靜時，已經八點半，是葛弟弟來喊老媽起床了。

一副猛然驚醒模樣的葛老媽，一起床就催得整個屋子很熱鬧，要女傭動作快，要葛哥哥快點起床上班，要我別洗澡、直接去上課，情狀彷若十分鐘內就要出門。

結果，等到我已經洗完澡、吃完早餐、坐在餐桌前敲鍵盤了，眼看葛老媽還沒好，我又去洗了一趟衣服；終於，連總是老神在在的葛老爹也看不下去，這才一把揪住還往穿衣間走去的葛老媽，將她拎出門外，以鎖門、趕人之姿，讓葛老媽不得其門而入，這才算是出了門；當時已經十一點。

接著，葛老媽瞎子指路，不讓臨時出租車的司機主導行車路線，於是，我們停在路邊溝通好久，眼

左：帶來白色甜球點心的男孩

右：學員從各自家裡帶來美食與大家分享

看目的地應該就在眼前，卻是怎麼走也走不到；我從頭到尾靜看葛老媽和司機爭吵行車路線，靜聽葛老媽指示我每兩分鐘撥一次電話，要讓家裡的男人與司機溝通；從葛老爹、葛哥哥、葛弟弟到葛家女傭，葛老媽對他們每人輪流轟炸好幾番。聽不懂他們到底在溝通什麼的鴨仔蘭，還得自己盤算這些被轟炸的人承受壓力指數高低，才能決定下一通電話要打給誰、對誰轟炸。

然後我就想，過動兒大家都知道，那過動兒長大後是怎樣，好像沒聽過？

就這樣，三十分鐘的車程，我們花了一個半小時，繞了大半圈遠路，直到十二點半，才抵達上課的地方，剛好趕上午餐。

由於剛從家裡吃完早餐出門，因此，就算眼前擺的是五星級美味，也無論如何挑動不了味蕾神經，只好嚐些各家甜點，當作是鎖住味蕾的飯後甜點；然而，印度本地家常甜點實在是甜得讓人難以消受，只嚐過三種口味，我便再也吞不下了；因此，當帶來白色甜球點心的男孩再到眼前勸吃時，我只能做一個已經暈倒在地的動作，肢體語言說著：甜死人你償不償命啊？

飯後，講師領著大家再次仰躺於軟鋪地板，開始做翻身靜心，如此一陣之後，原以為又要進入呼吸練習，沒想，竟玩起大地遊戲來了。

一整個下午，每當講師開出一個新遊戲，印度學員便爭相舉手搶著要上台，就連一直十分沉靜的錫克教大叔，也人來瘋地扭腰、走秀起來，逗樂一竿子年輕人；想起來也不意外，畢竟，前兩天性質相對文靜的提問，就已經非常熱烈了，更別說是活潑熱鬧的遊戲時間。

攝於德里賽巴巴廟

上：漫步印度社區間，不經意抬頭，細看招牌，可能就是一個靈修中心。
下：「上帝就是光」團體，信守終身不婚制，著潔白的紗麗制服帶領會眾冥想、靈修。

這天，就這麼結束在大家都意猶未盡的歡樂時光裡。

遺憾的是，最後一天的結業式，因為是星期天，家裡難得有訪客，全家嚴陣以待，因此，我和葛老媽終究沒有把課程上完。

但又何妨，這是一堂名為「快樂」的課程，課程宗旨是要我們明白「生活的藝術」；既然快樂過程我們已經享受，而領略過葛老媽猶如畢卡索畫作般難懂的生活藝術後，我還意外歸納出一個「如果生活只是清水般的甜淡，也未嘗不是藝術」的人性關懷，對於生活藝術的智慧，不可謂沒有提升；如是一想，便也覺得收益良多。

印度號稱宗教博物館，印度人對靈性的追求，果然名不虛傳，藉由這短短幾天的課程，與印度人近距離分享生活後，還真是不得不承認，從學齡兒童到耄耋耆老，在印度，幾乎人人可以說上一套自己的心靈哲學；也難怪從全球各地專程前來印度參加各式靈性課程的朋友，猶如過江之鯽，從不間斷。

所以，如果你來印度，只要有機會，不一定要四、五天，就算只有一、兩個小時，也能透過飯店安排一堂簡易的靜心課程；在現代人汲汲營營追求功利之餘，若能以同樣原則，汲汲營營來上個靜心課程，那麼，在印度這個寶地，絕對不會空手而歸。

後記：

回到台灣後，因緣際會，得以和台灣朋友一起練習前述的「淨化呼吸」，許是能量場不同，許是少了語言隔閡，意外地，我不但可以跟上那段不斷變化呼吸長度的猛烈節奏，甚至發現，自己已經內建多年的呼吸心法，其實是這整套淨化呼吸的最後一式。

快樂課程也好，呼吸心法也好，在印度時，我都因為提早放棄而沒有體驗到結尾的精妙；雖說遺憾也很美，不過，若有機會完整體驗更棒，有興趣的朋友，可以自行搜尋。

旅遊資訊

鴨仔聽雷蘭參與過的印度靈性團體：

1. **生活的藝術**（Art of Living）：
   台灣網址：http://www.artoflivingtaiwan.org.tw/
   中文官網：https://www.artofliving.org/tw-zh

2. **上帝就是光**（God is Light）：
   https://www.facebook.com/pg/God-is-light-540425616012398/about/?ref=page_internal

3. **「賽巴巴」**（Saibaba）**全球資訊網**：
   https://www.saibabami.org/

4. **靈性導師之一古儒吉桑嘎特**（Guru ji Sangat）：
   http://www.gurujisangat.org/

樂

印度的玩法有很多種，可以是事先規劃、精心安排，可以是不期而遇、隨興所至，不可思議的印度，有不可思議的千百種玩法，我非常希望自己可以是個玩家蘭，可惜不是，在這裡，我只能介紹自己喜歡玩，並且一玩再玩的好樂子給大家，但願大家也都能優遊其中。

17

來到印度，你就是自己的寶萊塢主角——電影

螢幕上，放映的是印度寶萊塢天王之一阿米爾汗（Aamir Khan）二〇一七跨年新作《我和我的冠軍女兒》（Dangal）；素有印度良心之稱的阿米爾汗，這次不耍浪漫，不賣弄肌肉，他甚至不惜犧牲形象，將已經年過半百的自己，增肥之後，真實地呈現在觀眾眼前。中年大叔肥肚腩，白了大半的鬍渣，尤其，那副血氣仍盛的鄉下老粗、失敗者模樣，簡直讓人無法和他總是英雄氣概的偶像之姿聯想在一起。

但又何妨，大家都知道他是阿米爾汗；大家都知道，來看阿米爾汗的電影，絕對不是純粹來娛樂的。大家都知道，阿米爾汗在電影裡所賦予的教育意義，能讓印度整體社會往所謂「文明與先進」更趨一步。所以，大家不只是來看偶像阿米爾汗演戲，更是來看阿米爾汗老師上課的。

印度男尊女卑的現象，是眾所皆知的現象與事實（抑或偏見），大部分印度女孩，到了一定年紀，就必須接受父母安排，等著結婚、生養小孩，一輩子埋沒在家庭，沒有自我，遑論個人成就。

於是，在特殊兒童教育——《心中的小星星》（Taare Zameen Par）、印度婦女安全——《記憶拼圖》（Ghajini）、升學壓力——《三個傻瓜》（3 Idiots）、宗教迷信——《來自星星的傻瓜》（PK）……等各種提升民智、針砭時事的電影題材之後，這次，阿米爾汗老師為大家挑選的課題，是女性自我發展。

在《我和我的冠軍女兒》這部真人實事改編的新片裡，阿米爾汗飾演一位在摔角場上失意的父親，如何不畏社會眼光、獨排眾議，將擁有天分的兩個女兒，訓練為世界摔角冠軍。

印度人表達情感的方式，比較直率，看著片中兩姊妹在成長過程中所忍受的異樣注目，與在女性發展過程中的自我掙扎，全場觀眾都跟著揪心；隨著劇情發展，為姊妹的比賽加

《我和我的冠軍女兒》是 2016 跨 2017 年的新作

油者有之，為姊妹的勝利歡呼者有之。此起彼落的笑聲、嘆聲、掌聲、乃至吶喊聲，熱血沸騰，整座戲院彷彿就是一個摔角觀眾台。

在過去，印度電影還沒有字幕時，聽不懂印度語的外國觀光客，只能看畫面、猜劇情、過乾癮，印度人觀影的現場反應，往往是體驗印度寶萊塢電影時的意外樂趣；如今，總算等到印度電影開始配上英文字幕了，我發現，能看懂劇情、能跟上劇中人物內心戲的節奏後，由於集體情緒的感染，寶萊蘭天生本性裡一股豐沛的情感，竟也跟著釋放而出，竟也跟著印度人在戲

上：印度電影院的上映看板

下：比起台灣的電影院只賣飲料和爆米花，印度電影院的吧台顯得很多樣化。

院裡一起瘋瘋癲癲起來了；若非自我設限，仍把自己框架在一個被期待的「外國式優雅」裡，也許還能讓自己笑得更放浪，歡呼得更聲嘶力竭，乃至於，就和印度人一樣，也直接把腿伸長，架在沒有人的前方椅座上。

噯！當下的那一刻，真希望愛人就在身邊，如此便可以和另一對未婚夫妻同夥一樣，無所顧忌地挽著彼此手臂，一起尖叫、一起歡笑相視、一起揮灑屬於彼此的美好歲月！

意外地，幾個月後，《我和我的冠軍女兒》也在台灣上映了，於是，毫不猶豫，在上映的第三天，已經返台的我，便也挽著愛人的手，再次前往電影院觀看，算是把遺憾補足了。可以和不同的人分別在印度和台灣看同一部電影，珍擁不同的觀影回憶，真是很棒的一件事。尤其意外的收穫是，同一部電影，可以分別在印度電影院和台灣電影院觀察到印度人和台灣人不同的現場反應；一樣的感動點與高潮點，相較於印度人在電影院裡的熱情奔放與情感的直接投射，我發現，我們台灣人真的是含蓄許多呢。

在進出印度電影院多次後，最鮮奇的民情觀察是，重視家庭觀念的印度人，即使是午夜場、即使是浪漫愛情片，他們也能闔家大小一起出動。

就有那麼一次，寶萊蘭又被葛老爹和葛老媽找去看電影了，這次，隨意挑上的，是一部都會愛情片——《OK Jaanu》（OK Darling）。婚前同居、婚前性行為……這部片不管畫面或觀念，都十分前衛，連我這相對開放的台灣人，都看得害羞起來，原以為觀念保守的兩位老人家會嗤之以鼻的，沒想，老人家自有他們天生的喜感與智慧，尤其葛老媽，看到精采鏡頭，不但沒有閃躲，還挺直腰桿、睜亮雙眼，一邊看一邊對著大螢幕指指點點，唸唸有詞，簡直比我們年輕人還來勁，這於是，一切又顯得歡樂起來，我們就這樣，把浪漫愛情片看成了家庭喜劇片！

這就是寶萊塢魅力所在，不管是阿米爾汗也好，眾多國寶級的天王、以及其他更多的印度明星也好，寶萊塢電影不僅是印度人生活的調劑，寶萊塢影星如公務員般的固定發片，更是印度人的共同期待與共同默契，而這其中不少代表作，更一一成為印度人的共同記憶；可以說，是這些寶萊塢影星陪伴許許多多印度人一起成長、一起歡笑、一起淚。

不信的話，隨便抓一個印度人，問看看有誰不知道沙魯克汗（Shahrukh Khan）主演的《勇奪芳心》、《有時歡笑有時淚》，有誰不知道阿米爾汗的《三個傻瓜》、《來自星星的傻瓜》……許多經典片，不僅跨世代，甚至跨國界，尤其，與印度相鄰、彼此語言能通的巴基斯坦、孟加拉、尼泊爾等南亞子民，更是都能在寶萊塢電影中找到生活與文化的共鳴。

這樣的寶萊塢魅力，隨著移居海外的印度人越來越多，足跡遍布世界各地，幾位天王級影星的電影，不僅能在全球主要城市同步發行，有些迎合海外印度移民口味的電影，在歐美國家的票房甚至還能超越本土票房哩。

那麼，沒有發行印度電影的國家，是如何景況呢？

拿台灣來說吧，阿米爾汗的這部《我和我的冠軍女兒》，在印度院線上映才不過第十天，台灣影迷竟然就已經拿到畫質粗劣的盜版片，可以和遙遠的印度院線那廂同步討論劇情、同步歇斯底里哩！可想而知，在那畫面中，走動的人影有之，窸窸窣窣的嘈雜聲有之，是印度人在戲院偷拍後，拷貝、流落出來的，若非實在不想跟不上印度風潮又實在熱愛，沒有人願意忍受那畫質，追片蘭過去也經常只能看這種拷貝片過乾癮，也因此，《我和我的冠軍女兒》可以在台灣上映，真是造福不少台灣的寶萊塢影迷呢！

盜版商如此行徑，聽起來匪夷所思，也令人深惡痛絕，但，無法親臨院線的全球各地影迷，就是願意買單，寶萊塢影迷的癡與狂，非身陷其中，無法理解。

印度僑民仍屬小眾、無法形成社群的台灣已經如此，那麼，印度人早已是當地不可或缺的經濟動脈之國境，又是何種景況呢？不提太遠，就拿鄰近國家來說，在香港的重慶大廈、泰國曼谷的寶拉市集（Pahurat）、新加坡的小印度……等地，直接開店專賣盜版印度電影DVD的商家，可是大受歡迎、競爭激烈哩！印度寶萊塢風靡全球的現象，由此可見一般。

因此，如果你來到印度，不管聽不聽得懂印度各地方言，不管看不看得懂寶萊塢劇情，只要時間充裕，一定要為自己安排一場寶萊塢電影體驗；現代印度都會的先進程度，遠在大家過去所認知的落後印象之外，你無須擔心到了戲院買不到票，只要在網路上找到理想的戲院、片名與放映時間，即可線上訂票，並下載票號，等放映時間到了，拿著手機，就可直接到戲院憑網路條碼進場哦。

雖說寶萊塢電影大多以娛樂性質為主，但，取材於現實的也不少，因此，觀賞寶萊塢電影，不僅可以放慢旅程的腳步，也可以走探旅程中無法抵達的印度社會深層。

人們總說，現實世界是比戲劇還精采的，因此，若能攜著戲看人生的顯微鏡，以電影畫面來反芻自己的印度旅程，並在走出戲院後，抱著自己就是寶萊塢主角的心情繼續旅程，那麼，你會發現，人生如戲不是字面上的浪漫形容詞，而是你的當下。

走吧，一起去看印度電影，感受印度人在戲院裡的奔放與熱情，帶著有他們作伴的想像，讓自己行旅印度的每一個步伐，都能浪漫如寶萊塢電影吧。

18 相招來去逛夜市——夜市

童年的時候，曾經有那麼一段時間，擁有過一段奢侈的回憶；那是每個星期三晚上，離家五十公尺外的一個四合院。

從黃昏時候開始，不知從哪兒竄出來的流動攤販，會緩緩出現；很快，鐵架一根根支起，昏黃的鹵素燈一顆顆掛起，逐水草而居的他們，駕輕就熟，片刻間，便把空曠、闃寂的農村四合院，幻化成雖不至於燈紅酒綠卻也閃爍一片的露天賣場；位於小鎮邊隅的我們這些鄰里住民，便此進入一整個星期裡的高潮，一起迎接這些來自四面八方、五花八門的雜貨商與遊樂場，一起迎接這洋溢著恬淡歡樂的生活調味劑——星期三夜市。

印象中，除了歷久不衰的夜市風景：撈金魚、射飛鏢、彈珠台……外，傳統的賣膏藥，永遠是夜市的高潮，而香噴噴的各式奶油麵包，更是平常只能吃到饅頭的我們幾個兄弟姊妹，最奢侈又甜蜜的童年回憶；林林總總的雜貨更不用說了，即使口袋沒有錢，光是用眼睛蒐羅，也就很滿足。

從沒想過，在結婚以後，自己也會經歷那麼一段夜市人生，與新婚不久的夫婿，在繁華的都會商圈夾縫，過起跑警察的日子；項鍊、戒指、手環、腳鍊、耳環、腰鍊、腳戒……舉凡可以掛在女孩兒身上的首飾，幾乎沒有沒賣過的；為了分攤生活奢侈品可能隨大環境景氣不好而受影響的生意風險，後來甚至賣起屬於民生吃食的異國小吃。就這樣，一只跑警察的小皮箱，後來變成鬧市裡一間大約二十坪的服飾店，一攤路邊的中東沙威瑪，後來衍生為一間印度餐廳；夜市，成了圓夢人生的創業起點，並交雜著新婚小夫妻最浪漫也最苦澀的起家回憶。

最沒想到的是，竟是在往來印度將近

上：台灣觀光局在印度媒體買了半版的廣告，其中用了很大篇幅宣傳夜市。

下：如果把人種換一下，彷彿也就在台灣夜市了。

十年以後，才知道印度也有夜市，尤其，後來還在印度夜市旁邊的旅行社實習上班，可以說，人生有大半輩子的清醒時光，都是活在夜市裡。

位於新德里市中心的卡蘿花園區，從卡蘿花園地鐵站出來，沿著卡蘿花園市場大街走去，整條馬路都是商家，琳瑯滿目的櫥窗，讓人目不暇給，尤其，傳統與現代交織，更是叫人時空錯亂。

傳統服飾，西方服飾；傳統新郎、新娘禮服，現代男性西裝、西式女性細肩帶禮服；有傳統手工縫線鞋，有西式皮鞋、運動鞋，西式女性高跟鞋；有純金、純銀打造的首飾珠寶店，有各式合金混成擺在路肩就算被偷也不心疼的廉價飾品組；甜點禮盒店、美食商家、按摩店、電子商家……所有你能想像得到的印度商品，應有盡有，最不可思議的是，都以為印度民情保守，然而，穿著性感睡衣堂而皇之站在櫥窗向你招手的模特兒也有呢！

一人商店：地圖

一人商店：印度婦女的首飾攤

白天裡，卡蘿花園原本就以觀光

市集聞名，是一個google系統支援地景的地標，外國觀光客只是點綴，來自德里以外的印度本土觀光客才是大宗。

到了傍晚，當各國、各地的觀光客從各自的旅遊景點回到旅館晚餐、休息後，卡蘿花園市集也隨著進入夜市模式；此時，除了原有的商家外，還會湧現各式雜貨商販，於是，以為白天已經應有盡有的商家，加入更多庶民選擇，例如：有櫥窗的店家裡，販賣的是動輒數千、上萬盧比的品牌設計服飾；而街邊商販則提供只要一、兩百盧比的粗棉服飾。還有櫥窗裡賣的是各式高檔設計手工手拿包，要價不斐；而路邊攤賣的，是各式合成皮包，每只只要兩百盧比。至於提供座位的美食商家，販售的是數十乃至數百盧比的套餐；而路邊小販，賣的是十元、二十盧比就可以邊走邊吃的玉米、花生、蘇打水……。

一人商店：氣球

最令人叫絕的，還有那許多的一人行動商家，他們直接就把商品掛在身上、拎在手中，一個人，就是一家店，按摩棒、地圖、戒指、口紅、皮帶、氣球……印度人的思維天馬行空，印度人的創意萬馬奔騰，一條卡蘿花園大街，就是一幅印度版的浮世繪。

當然，就像台灣一樣，小鄉小鎮不一定天天都有夜市可以逛，印度也是如此哦，除了像卡蘿花園這樣的觀光夜市外，各地也有許多當地居民才知道的小市小集，也有所謂的星期五夜市、星期六夜市呢！

上：印度夜市裡的現代風服飾
下： 一只不到台幣 100 元的合成皮包（售價 200 盧比）

就這樣，每當工作到精疲力盡，或是純粹心血來潮時，我便與印度同事們相偕到夜市走逛走逛，有時去吃個點心，有時去喝個涼飲，有時一起去買衣服，有時就是純粹一起出去透透氣。

看著那一攤攤認真做著自己一盤小生意的印度小商小販，腦海很難不被牽引到屬於自己的夜市人生，偶爾若看到一些全家出動逛夜市的畫面，記憶更是因此回溯到童年的苦澀與甜蜜；而與此同時，全新的印度夜市體驗，也正創造著我與印度工作夥伴們的全新記憶呢。

台灣夜市舉世聞名，甚至被觀光局拿來當國際宣傳主打，夜市一詞，早已和台灣經濟成為生命共同體，甚至可以說，每一個台灣人，幾乎都有一個屬於自己的夜市記憶，夜市蘭的印度夜市走看，擦出的是童年回憶與創業美好的火花，你的印度夜市體驗，肯定也有你專屬的記憶火花，讓咱們的夜市體驗，浪漫相遇吧！

上：不可思議的性感睡衣專賣店
下：要價不斐的手工包

19 愛跳舞的國度——迪斯可

「我要是年輕的時候，也像你們這樣玩，什麼都不做，我今天就不可能有這些！」葛老爹氣呼呼，一整天不准我跟他說話。

在那前一天，適逢印度節慶，又是周末，不到九點的下班時間，整個辦公室已經洋溢一股歡樂氣息，連我這看熱鬧的外國人，也受那氣氛感染，好想放鬆一下。

葛哥哥一直想帶我去看看印度年輕人的周末狂歡，卻一直苦於找不到機會，如今遇到這個好時機，我們都不想錯過；然而，葛老爹卻百般干涉，不說不准我們去，卻也不鬆口讓我們走，他一直守在辦公室，絆著我們。

同樣愛跳舞的葛老爹，是怎麼度過他的年少輕狂，我不得而知，當我問著「難道你年輕時都沒去過迪斯可？」他時不我與地說著：「我們那時候沒有迪斯可啊」。的確，雖說印度是個愛跳舞的民族，只要是喜慶場合，就連宗廟祭祀，他們都可以放起音樂、手足舞蹈，然而，西式迪斯可舞廳，卻是直到千禧年以後，才慢慢普及。

印度街頭經常可見的迎親馬車，這是印度男人一生當中難得可以當上白馬王子的一刻。

我們都看出葛老爹的躍躍欲試，畢竟，每次只要有家族喜慶，他總是在舞台上流連忘返的其中一個；然而，我們也都十分清楚，寶萊塢電影場景中的西式迪斯可，是葛老爹絕對無法接受的尺度。

我拿自己當保證，好說歹說：「如果讓他們倆自己去玩，他們一定玩瘋了，平常你攔他們的時候，他們反倒故意玩到兩、三點，今天我一定押著他們在一點以前回家。」

眼看連我也和葛兄弟站在同一條陣線，去意堅定，捱到十一點，葛老爹才終於一聲不吭地離開辦公室，以此表示他的非自願。

其實，我的力氣都在雙方僵持不下那兩個小時用完了，當時已經又餓又累，但，意志力是很難解釋的一件事情，好不容易爭取來的自由，一定要珍惜，因此，我和兩兄弟不浪費分秒，立刻上路；只是，彷佛連造物主也和我們作對似地，在我們停車的地方，剛好來了一團迎親隊伍，新郎坐在雙馬車上，動也不動地等著要進入婚宴會場；溝通許久，他們才願意把隊伍前進，讓我們的車子開出，如是又浪費了半小時。

也就是，當我們終於趕到四十分鐘車程外的知名夜店區——杭斯赫茲村（Hauz-Khas village）時，已經子夜，累得早已攤在後座不小心睡著的我，乍聞葛哥哥那聲：「我們到了」，睜開眼說的是：「我們明天再來好不好？」把葛兄弟鬧得很無言。

當然，身體上的疲累，很快被心理上的雀躍趕走，就在我挺起身，看見沿街進進出出的車輛與人潮後，全新的德里人文風景，讓我瞬間精神抖擻，直呼自己過去對印度所知，真是井底窺天。

但見，時髦的印度都會女子，千姿百態，穿迷短裙者有之，緊身T恤、肚臍中空者有之，頭髮染成五顏六色者有之，足蹬各式長短高跟靴者有之，濃妝艷抹更是不用說的，走在路上，你甚至分不清他們是印度人、或是東南亞人種、乃或是中南美洲等深膚色人種。

從停車處慢慢走入街區後，遠遠已經可以聽見震天價響的重音鼓，幾乎分不清哪一首歌曲是從哪一家酒吧發出的，它們就像印度咖哩一樣，全都糊在一起了，除非撈在眼前看仔細，否則，根本不知道咖哩醬下，煮的是什麼名堂；據葛哥哥說，在這約莫一百公尺長的小小商圈裡，聚

左：充斥杭斯赫茲村街面的夜店

右：凌晨一點打烊時，從各個樓面蜂擁而出的青年男女。

集了不下一百家酒吧，有的以西洋歌曲為主，有的只播印度歌曲，各自大鳴大放，若非熟門熟路，還真無從選擇。

葛哥哥問我想要感受哪一種風格的夜店；那來到印度，當然想感受印度寶萊塢風格囉，因此，毫不猶豫，「印度歌曲！」我回。葛哥哥也二話不說，帶我們直接步入就近的一家。

走入那幢二、三樓複合式經營的夜店，立即聽清楚了震耳欲聾的寶萊塢樂音，真叫人興奮，全都是平常已經聽得非常熟悉的旋律哪！只是，人擠人，看不到人，二樓也好，三樓也好，地坪雖小，想擠到櫃台深處的DJ檯，卻也不是易事，晚餐還沒吃的我們，也沒力氣擠到舞池中央，靠在樓梯口的吧檯前，待餐點陸續上來，一手拿著竹叉囫圇吞棗，一手隔空亂揮，也就搖得盡興。

快樂的時光，總是稍縱即逝，印度政

與葛哥哥同名的印度知名 DJ——Sumit Sethi

府規定所有夜店一律只能營業到凌晨一點，因此，不管你有多麼想要刺激消費，不管你精神有多麼高亢，時間一到，都得收拾心情，乖乖回家。

就這樣，抵達時間非常晚的我們，感覺才剛開始，卻竟已經結束。

我們意猶未盡地下樓，混入從各個酒吧不斷冒出來的雜沓人群，一邊往回走向停車處，一邊尋找小吃店，繼續填飽肚腹；以為好戲已經結束的周末夜，卻有意外的加碼。

從各個樓面蜂湧而出的都會男女，醉態百出；當街嘔吐者有之，被攙扶而出者有之，擋在路中擁吻者有之，直接在公園旁上演高尺度調情戲碼者有之，兩男對一女上下其手者有之……一些夜趴蘭只在寶來塢電影裡看過的鏡頭，赫然就在眼前活生生上演！

當時，原本就抱著來開眼界的我是看得目瞪口呆，而葛哥哥是夜店常客，似乎見怪不怪，葛弟弟則顯然也是初入大觀園模樣，不僅目不轉睛、不放過任何一場好戲，看到白人女子經過，甚至情不自禁隔著車窗揮手，儼然比我還沒見過世面，無厘頭舉措引得我哈哈大笑，真正是一個越夜越美麗啊！

然而，真心說，太亂了，肉慾橫生啊！以至於約莫一個月後，看到女大學生在此周末狂歡後被性侵的新聞，我一點也不意外。

杭斯赫茲村，一個以中世紀穆斯林皇家墓園及湖泊發展出來的聚落，直到一九八〇年代才被開發成高級住宅區與商圈；白天，在這裡可以看到許多服飾設計師的高檔精品店以及畫廊，是個藝文風格強烈的時尚地段，若非親臨現場，誰能想像，到了夜晚，她竟會化身成彷彿墮落天堂般的一身頹靡；白天的雅逸與夜晚的腐惡，完全是兩樣情呀！

左：同樣一個夜店的店面招牌下，下午時段的景緻。
右上：白天的杭斯赫茲村，悠閒而時尚。
右下：「Hauz」是「湖」的意思，在繁華熱鬧的街區後面，的確有個湖泊，寧謐，自外於世。

有了初體驗，再探印度夜店，便也不再生澀；情人節前幾天，為了給與葛哥哥同名的DJ捧場，我們又一起到德里之心——康諾特圓環的知名夜店「Town House café」度過一個美好夜晚，後來甚至在此一起度過情人節。

不愧是經常邀請知名DJ主持的夜店，整個裝潢的規模與等級，都比杭斯赫茲村高檔太多了，就連出入其間人士的穿著與打扮，也比龍蛇雜處的杭斯赫茲村還要有品味，而寬敞的空間，直接就讓人多了一份安全感，雖說隱匿在絢爛的燈光暗處，肯定也有許多不為人知的險事默默在進行，然而，對於純粹趁假日來此跳舞、放鬆的人而言，絕對是個可以自得其樂的好地方。

就在接近DJ檯的舞池邊，幾個年輕女孩自己圍出一個小圈圈，沒有什麼眩人舞技，也不特別想要招蜂引蝶模樣，旁若無人地盡興搖擺。其中一個女孩，穿傳統三件式套服、戴厚框眼鏡，在她那幾位穿著時尚的女伴中，顯得格格不入；但見她靦腆地靠牆呆站，定睛看著眼前的閃爍，並不舞動，乍見她那副怯生生的「老土」模樣，我不禁啞然失笑：這不是大學時代的我自己嗎？於是，同樣戴眼鏡的台灣老土蘭，也就直接站在她的旁邊，與她為伴、給她壯膽，時不時地在她面前揮手，逗弄她，直到葛哥哥終於趕來與我們相會，把我和葛弟弟喊走。

是的，你以為葛老爹這次就這麼放任我們盡情玩樂嗎？不，那天他故意在我們即將抵達之際，以辦公室被反鎖、沒有鑰匙無法打烊為由，把葛哥哥又喚了回去，這一來一往，又把我們的情人夜，再次消磨得只剩半小時！

左：沒來過的人，站在 Town House café 大門口，真的會以為這只是喝咖啡的地方。

右：形形色色的年輕人，這位拄枴杖的先生，非常活躍。

總之，來到印度這個愛跳舞的國度，怎能不和他們手舞足蹈一番，尤其，寶萊塢舞蹈也是印度的同義詞之一、是印度對全球輸出的軟實力之一，想要貼近印度都會年輕人生活，想要感受寶萊塢風格魅力，一定要到寶萊塢式夜店走一趟，沒有葛老爹作梗的你，肯定玩得更過癮！

旅遊資訊

1. **杭斯赫茲村（Hauz-Khas village）：**
   https://en.wikipedia.org/wiki/Hauz_Khas_Complex

2. **Town House café：**
   https://www.facebook.com/pages/Town-House-Cafe-Cp/1504591343111993

3. **與葛哥哥同名的印度知名 DJ——Sumit Sethi 臉書：**
   https://www.facebook.com/sumitsethiofficial/?pnref=story

20 實境體驗寶萊塢夢幻派對——婚禮

「再沒有人比你的婚禮還特別了。」

「那是因為妳在這裡的關係。」

噢！這句話太沉重了！我應該回「一切都是造物主的安排」，可，整個身心都還在沉睡狀況的當下，我竟只回得出一句直白的「都是爺爺……」，這讓總是逗趣的葛堂弟也驀然噤聲，再回不出話來。

不過是前一晚的「交換戒指」派對，大家都玩得很盡興，回到家已經凌晨兩點半，以至於，清晨八點半的那當時，全家都還睡成一片。

驀地，碰碰碰碰碰！

堅毅的葛奶奶，第一天和葛爺爺一起出席「交換戒指」派對，第三天即使少了伴，還是全程參與。

雖然葛叔叔經常在一早來敲門，但我從沒聽過他那麼用力的撼動、也沒遇過他那麼急促的催趕；一如平日，只有我迅速起床開門。

一撞進門，連招呼都沒打，葛叔叔急問葛老爹睡哪間房，便順著我指的方向，匆匆衝去將門撞開；將葛老爹喊醒後，葛叔叔很快又匆匆衝下樓，而平常總會賴床的葛老爹，罕見地立馬跳起，套上外衣，穿過還站在門邊、一臉茫然的我，緊接著也匆匆衝出。

「發生什麼事了？」我怔怔問著也已從各自房間驚醒的葛兄弟。

「好像很嚴重，妳快下去看看。」葛哥哥含糊著睡眼說。

於是，換我轉身蹬蹬蹬下樓。

從樓梯口與葛叔叔家打通的那個門直接進入葛叔叔家後，看見大家都坐在葛爺爺、葛奶奶房間沉默不語，視線移到大家圍守的床邊時，又看見葛爺爺張嘴睡得安詳模樣，我心頭一撼！雖不願相信竟有如此戲劇化的事情，但，它真的就在眼前發生了。

我立馬衝上樓，驚魂未定，只對葛兄弟說了一聲「爺爺」，並比出一個掌心翻覆的手勢，葛兄弟隨即了然，驚呼出聲後，便也陸續下樓；我又跟著下樓一次，確定真不是虛驚，這才又再次上樓，掀著葛老媽的棉被，告訴她發生了什麼事。

九點鐘，等到醫生來把脈，並正式公佈葛爺爺死訊後，接著，幾乎是迅雷不及掩耳的下午一點鐘，我們就在火葬場，送走了葛爺爺。

這一切發生得太快了！以至於，在寄住葛家這段日子裡，被葛家當作家庭成員，到哪裡都被拎著、什麼都跟著的我，就這麼傻里傻氣一路跟到了火葬場，親眼看著葛老爹將那盞化葛爺爺為飛灰的火盆送進柴口！

天曉得，我連台灣的火葬場都還沒去過！天曉得，火葬是我自己所屬信仰的大忌！因為信仰關係，我甚至連自己奶奶的葬禮，都沒有參加！

在印度最具衝突的兩個宗教：多神信仰的印度教與一神信仰的伊斯蘭教；過去，我只知道伊斯蘭教主張速葬，規定最慢要在三天內下葬往生者，這教義已經被外界嘖嘖稱奇了，沒想，印度教竟是十個小時內要火化！

這一切發生得太快了，所有的人連早餐都沒吃，沒刷牙、沒洗臉，大部分男人也都還穿著夾腳拖以及居家衫褲，一切又已經結束！

就這樣，按照正常程序應該連辦三天的婚禮，其中第二天的慶祝活動完全取消；在參加一場印度婚禮之前，我竟先參加了一場印度葬禮！

按照習俗，這一整天不能出門的準新郎倌葛堂弟，原本應該在家開開心心接受前來參加婚禮的賓客們的祝福，如今，同樣不能出門，卻是在家裡準備給前來參加婚禮變成參加葬禮的賓客們的餐點！

當賓客們陸續從火葬場返回葛家後，便是葛堂弟站在門口迎接大家。而由於葛爺爺是高齡去世，和台灣習俗一樣，不以悲傷看待，「所以，妳看這裡面還特別多了一道甜點，是一般葬禮不會有的」，葛堂弟遞給我餐盤時，指著那道甜點如是解說。

面對如此衝突的場面，我感到相當遺憾，內心也有不為人知的宗教矛盾，與葛家之間的濃膩情感，讓我無法只用彼此扞格不入的教義來看待這突如其來的一切；在沉澱所有經過之後，我告訴自己，如果一切都是造物主的定然，那麼，又有誰能逃避這一切？

不知該說些什麼安慰葛堂弟的當下，只好正向調侃：「再沒有人比你的婚禮還特別了。」

在我說完之後，平常總是喜感十足的葛堂弟，順著我的話原本也想說些輕鬆的話，逗我開心，然而，一句「那是因為妳在這裡的關係」，在如此悲喜交集的時刻，實在沉重。我只好強調：「都是爺爺……」。

當晚，原本應該是張燈結綵的「蔓狄（Mehndi；指甲花）之夜」，新郎、新娘不但會在各自家裡舉辦告別單身派對，各自的親朋好友也會趁這個晚上，在手心、手背畫上指甲花圖騰，以此象徵喜慶，新人甚至要塗薑黃淨身，用古老方式呈現最美好的一面；當然，在葛家這邊，這些都取消了。

隔天，也就是婚禮的第三天，早上葛家在社區的宗廟幫葛爺爺做完祈禱儀式後，到了下午，便也馬不停蹄，繼續準備婚禮的最後高潮——迎娶。因為，如果葛爺爺的事是發生在「交換戒指」儀式之前，那麼整個婚禮就會取消、延後，但「交換戒指」儀式已經完成，也就是婚禮已經進行到一半了，所以，無法取消，必須進行到底。

就這樣，疲累的一整家，各自短暫休息後，到了傍晚時分，歡樂氣氛才又活絡起來，女眷們陸續到附近沙龍化妝、梳髮，男眷們則直接在家敷臉、著裝。

七、八點左右，祭司與攝影團隊陸續進駐葛家，開始進行一連串出發迎娶前的祈禱，而葛家親友團也開始一個個向葛堂弟獻賀，並一家家留下個別的家族合影；十點一到，我們便魚貫坐上迎娶的車隊，浩浩蕩蕩前往飯店。

「蔓狄之夜」取消了，為葛堂弟全身塗薑黃的淨身儀式簡化了，打鼓吹號角、沿街跳舞、騎馬入場的活動取消了，葛堂弟失去這輩子唯一一次可以當上白馬王子的機會。

取而代之的禮車，一輛輛直接就在飯店門口停下，我們一個個下車，

左：準新人葛堂弟在家敷臉

右：在整個婚禮扮演角色的祭司

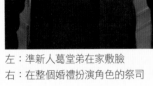

在親家們以花環獻禮迎接新郎親友團的開場下，將屬於婚禮的歡樂，重新接上。

熱烈的歡迎儀式才剛結束，沒想，我們隨即又被擋在婚宴會場門口，原來，是親家的小輩們向新郎討喜來了；彷彿進園得買入場券般，如果新郎沒有開個高價，對方就不放我們進去。雙方一番討價還價，我們不得其門而入，直到有備而來的葛叔叔掏出一整疊嶄新的十元大鈔，親家們擋在門口的人牆才終於散開，讓迎娶人馬入場。

一進入燈光閃爍迷離、如夢卻真的婚宴現場，彷彿來到寶萊塢電影實景，人影綽綽、觥籌交錯，我們很快遺忘憂傷，和早已來到現場的各方親友互道問候，整個婚宴就像一個大型社交派對，大家吃吃喝喝、談談笑笑，時間飛快流逝，很快過了子夜，原本洶湧的人潮，不知何時散去，而所謂的婚禮，甚至還沒開始呢！

通宵達旦的印度婚禮，冗長而繁瑣，舉世皆知；因為早有心理準備，所以，我也早早和身體各機能組織做好協調，讓身心處於「外出」狀態，讓自己愉快而盡興地享受婚禮過程；不過，到了凌晨一點多，還是體力不支地趁大家在子夜晚餐進行時，窩在牆角沙發小寐。

上：親家是錫克教徒，仔細觀察會發現， 他們的頭巾和服飾，色彩與整體造型，都是精心搭配過的。

下：印度結婚禮金和華人文化必須包雙數不同，他們是包單數的，例如1100、2100、3100……。能包個1001、2001、3001……更好，所以印度有一元紅包袋哦。

右：在浪漫花架喜棚下進行結婚大典。
中：最浪漫……繞火盆七圈。
左：最關鍵一刻：點朱砂，從此象徵已婚。

原以為是我自己嬌弱、撐不過，但，當我結束休息，喝過兩杯咖啡，精神亢奮地準備要開始紀錄婚禮真正的重頭戲時，眼前的印度親友們，反倒一個個陣亡下來。踩了一整晚高跟鞋的女眷，已經換下禮服、換上平底鞋，只差還沒卸妝；男眷與小孩們，更是直接在飯店準備的軟鋪被單上打滾；除了新人、祭司、攝影與幾位重要長輩外，對多數人而言，婚禮派對算是已經結束，大部分的賓客，更是早在子夜前陸續離開，子夜後的婚禮大典，只有近親才會留下來見證。

所謂婚禮的重頭戲，是從冗長的祈禱開始；但見，祭司抱著寫滿經文的筆記本，念過一輪又一輪的祈禱文，指導葛堂弟做過一個又一個的儀式，緩無止盡，真是一場體力大考驗！

由於葛堂弟和新娘是自由戀愛，認識已經超過七年，所以兩家人早已熟稔，諸事默契十足，因此，儀式進行得十分流暢，除了攝影師必須陪伴新人紀錄全程外，其他人都在浪漫妝點的喜棚下，來來去去，耐心等候，見證這場愛情長跑的終點。

到了凌晨四點，總算來到電影最常見、最浪漫

另外一場富豪夢幻婚禮

的畫面，那便是新人繞火盆七圈的儀式；前三圈由新娘領前，後四圈由新郎領前，每一圈都有不同的祈禱文，每一段祈禱文都是兩人對婚姻的不同盟誓。

結束最浪漫的互許誓詞後，來到婚禮的最關鍵：新郎在新娘的髮際中線，點上紅色朱砂；從此，新娘出門都要點上朱砂，以此告諸自己的已婚身分。世人經常以印度婦女髮際中線是否有紅色朱砂判斷其為已婚或未婚，便是由此而來。

冗長的婚禮儀式總算正式結束後，雙方又是一陣互相餽贈，此時大家都已精神不濟、面露倦色，拍出來的照片，一不小心就是臭臉一片，煞是有趣；好不容易，新人就要起身回家時，卻找不到鞋子穿，原來，女方家眷在此還安插了一個餘興，將新人的鞋子藏起來！

又是新娘的晚輩們向新姊夫討紅包的伎倆，又是一番討價還價，直等到葛堂弟開出一個好價錢，新娘那調皮的弟弟，才笑開懷地收下現金，跑去拿鞋。

這麼一玩，等到真正離開飯店時，竟已凌晨五點！印度婚禮，真正是人生「盛事」！

來到印度，或許你不像葛蘭一樣，有個親如家人般的印度婚禮可以深入體驗，但，只要張大眼睛仔細瞧，四處可見熱熱鬧鬧的婚宴會場哦；只要你敢嘗鮮，不用擔心被拒絕，勇敢開口、大方請教，現場所有人都會竭誠歡迎你加入同歡的；就在葛堂弟婚禮後沒幾天，葛蘭來到兩百多公里外的拉賈斯坦省邦，就這麼走進另一場別開生面的露天婚禮呢！

是的，在這一生中，就算沒有機會擁有屬於自己的寶萊塢浪漫婚禮，可只要來到印度，你就有機會實境體驗，千萬別因一時的膽怯而錯過！

印度婚禮簡介：

一般的印度婚禮，至少連續進行三天，但各省邦、各民族又有各自不同的婚俗，僅以葛蘭經常參加的旁遮普地區婚禮，簡介三天活動如下：

第一天：交換戒指

這是由男方主辦的派對。主要活動：祭司主持祈禱儀式，交換戒指，男方贈金飾給女方，舞會，自助晚宴。大約過子夜就會結束。

新郎與新郎交換戒指後，幫對方戴上，從此套住彼此。

第二天：蔓荻派對

這是男女雙方各自舉辦的派對。主要活動：新郎新娘接受各自家族親友的祈祝，塗薑黃，畫指甲花圖騰，家族舞會。進行至子夜或通宵。

第三天：迎娶儀式

這是由女方主辦的派對。主要活動：女方親友的各式討喜遊戲，與新人合照，自助晚宴，舞會，結婚大典。通宵達旦進行。

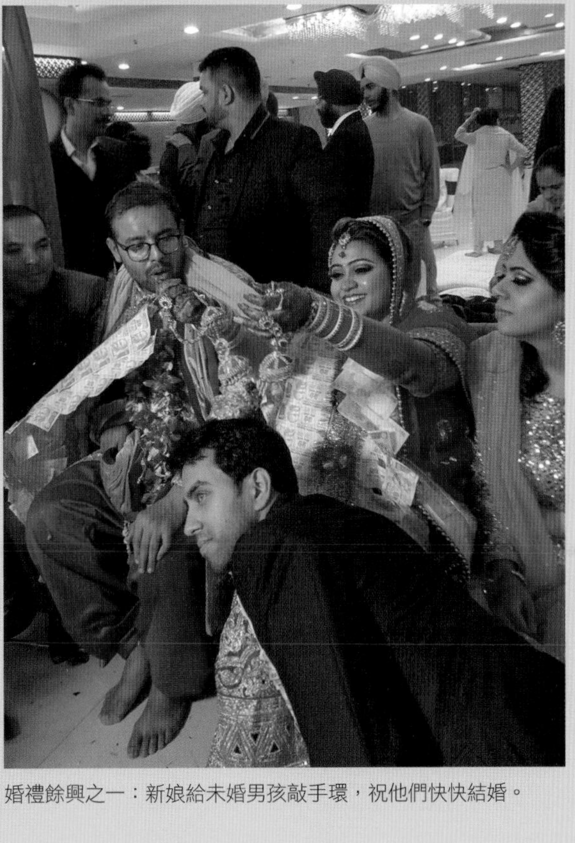

婚禮餘興之一：新娘給未婚男孩敲手環，祝他們快快結婚。

旅遊

在印度晉身金磚四國後，為了服飾採購，經常往來印度，頻繁的時候，每個月要飛一趟直航班機，行程緊湊的時候，要在四個白天裡，穿梭德里與齋浦兒，完成所有工作，並立刻回返台灣；也因此，十餘年間，除了短暫造訪過一次阿格拉外，步履幾乎沒踏出過德里和齋浦兒兩個城市。

我多次許願：「希望下次再來印度，再不是為了工作。」

我的願望終於達成，我終於可以大聲說：「我是去印度旅遊過的哦。」

21 在恆河重生

終於浮出水面，緊攫橡皮艇護繩的那一刻，我依舊無法相信發生了什麼事。

那天，葛哥哥只告訴我，我們要去瑞詩凱詩（Rishikesh）玩；那是恆河上游的一個城市，以瑜珈聖地聞名於世。

抱著遠離德里喧囂的度假心情，我想像著，我們也將和全世界各地蜂湧來此靜心的朝聖者一樣，擁有一個難得的雲淡風輕。

朦朦朧朧的清晨七點從德里出發後，我們一路昏睡，直到大約十點，在一個大理花與金盞花盛開的公路休息站做短暫停留與早餐後，才算真正清醒，一天的序幕，也才正式展開。

重新啟程後，我們一路說說笑笑，一點也沒感覺時光的流逝與路程的飛過，很快就看到瑞詩凱詩的路標展現眼前。

奇怪的是，眼看瑞詩凱詩就不遠了，我們的車卻突然拐入一個人潮湧動的景點，看到如畫的風景與刷著象徵印度國旗的橘白綠三色橋樑時，隱約可以意會，應該是個名勝，而直到車子已經轉入停車場了，我都還以為只是下來隨意看看。

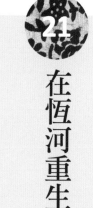

左：恒河聖城之一哈里德瓦停車場旁的休息站區
右：傳統的印度風格休息區，一般觀光客不會抵達，但若租車便可體驗。

瑞詩凱詩的橋墩，與哈里德瓦一樣，都是刷成印度國旗的橘白綠三色橋。

沒想，葛哥哥帶著我和葛老媽走入休息區，又開始點餐了；丈二金剛摸不著腦的我，傻楞楞問著：不是才剛吃過早餐嗎？現在吃的又是哪一餐？

葛老媽和葛哥哥都沒回我。於是，沒什麼食慾的我，也就沒什麼吃。

總算走上橋梁、準備到河的對岸時，葛哥哥突然開始對前來攬客的人問起「巴基斯坦」。古治蘭瓦拉（Gujranwala）」這個地名，那是我造訪過無數次的巴基斯坦小城——婆家的所在；我雖百思不得其解為何要在這個時候提起這個城市，卻也不急著問為什麼。

我就這麼一路跟著葛哥哥和葛老媽的步伐，直到已經慢慢走入對岸那些沿山而蓋的建築群，看到四處充滿宗教氣氛的香煙裊裊後，我才隱約明白，似乎是和一個月前去世的葛爺爺有關。

終於，等到我們被引至暗巷中的通天密室裡，看到那一捆捆厚厚的手工謄寫名冊後，我才了解，原來，瑞詩凱詩的旅遊是其次，我們此行的主要任務，是要將葛爺爺的名字寫入族譜，而在一九四七年印巴分治前，葛爺爺便是住在巴基斯坦的古治蘭瓦拉城。

「所以，《愛無國界》（Veer Zaara）裡的那個女主角，遠從巴基斯坦到印度，為奶媽完成的最後心願，就是你現在做的這些事？」我問葛哥哥。

《愛無國界》，印度寶萊塢二〇〇四年的大片，劇情描述一位在一九四七年印巴分治中，隨穆斯林家庭移民到巴基斯坦的印度教徒奶媽，她在臨終前希望可以魂歸故土，將自己的骨灰撒入恆河；全劇以此為軸，發展出一段愛無國界的印巴戀情。

在電影裡，我們只看得到女主角最後圓滿達成奶媽心願、將骨灰撒入恆河的浪漫畫面，

燃香後面的每一個密室裡，都藏有許多家族史冊。

卻看不到女主角帶著奶媽的骨灰罈從廟祠裡走出來之前，做了些什麼。

葛哥哥向右肩晃點了頭，表示肯定。葛哥哥的回覆，算是幫我補足了那段空白的電影劇情，也同時讓我明瞭，他讓我參與的，是何等重要的家族事件。

找到葛家的族譜頁，並確認過譜系之後，祭司按表操課，將家族成員名字一一寫下，接著，許是因為必須忠於歷史現場，因此，祭司無論如何要將我名字寫入那厚厚的紙冊裡。葛哥哥不知有此一轉，基於慎重，原本不敢，但葛老媽有她待我親如一家的無厘頭堅持，於是，我便以台灣的家庭成員身分，寫入了葛家族譜，最後由葛哥哥、葛老媽、我，依序簽名見證。

如此正式的歸宗手續，從頭到尾卻沒有任何祭祀與祈禱儀式，這不僅免除了追波逐流蘭在宗教上的尷尬，並且，還將一個穆斯林女子列入一個印度教家庭的族譜，如此結果，完全出乎我們所有人意料之外。

是在已經從瑞詩凱詩回到德里之後，上網一查，我才知道這個城市叫做哈里德瓦（Haridwar），是恒河沿岸幾個主要的印度教聖地中，僅次於瓦拉納西（Varanasi）的名勝。篤尊一神信仰的我，是如何在恒河岸邊與葛家結下如此河盟般的親緣，這整個過程，我想不明白，也無法細究。

結束此項任務、順利將葛爺爺名字納入家族譜系後，已經下午四點半，我們這才接著繼續前往一個小時車程外的瑞詩凱詩，算是順便旅遊。

抵達瑞詩凱詩，已是黃昏，一下車，便有在地導遊前來自我推薦；為了能對這個城市有比較完整的體驗，葛哥哥也不推辭，很快隨著導遊一起搭乘扁舟，從河的這岸，渡水到河的那岸，將瑞詩

每天黃昏左右都會舉行的恒河夜祭

凱詩的主要市集、廟宇與黃昏時段的重頭大戲——恆河祭，從頭到尾，遊歷一遍。

蓋凡宗教聖地，普印度大同小異，濃郁的焚香、充斥的觀光商店、各式的偶像……，浸淫印度文化多年，我對這樣的景觀早已免疫，並無太大興趣；最後讓我決定止步的，是那滿街跑的牛隻與豬隻，以及牠們遺留的滿地牛糞和豬糞。

因此，結束「市區觀光」後，剛好入夜，我們便也直接入宿旅館休息；而我也直到這時才知道，葛哥哥和葛老媽都已經準備要吃晚餐了，我卻還傻楞楞地等著午餐呢！

隔天，原本打算一早和葛老媽去做瑜珈的，來到瑜珈聖地，沒有體驗聖地瑜珈，簡直

印度猴神——哈奴曼，傳說是孫悟空的由來。

白來；然而，都會作息一時無法立刻調整，雖然鬧鐘在天空還魚肚白的六點整，曾經把我們叫醒過一陣，但我們都沒有勉強彼此，關掉鬧鐘後，繼續睡到了九點半，享受一個真正無壓的度假悠閒。

等大家都可以出門時，已經十點半了，葛哥哥整裝待發，問我要不要隨他去恆河沐浴。

恆河，印度人心目中的聖河、母親之河，許多印度人終生追求的極致，便是可以在恆河沐浴，以此洗淨一生的罪惡；即使不能親到恆河沐浴，也希望死後能將骨灰撒入恆河，如此靈魂便可直達天堂。

也因此，恆河沐浴，對葛哥哥而言，絕對是一件大事；只是，別說彼此信仰不同，我對恆河並沒有特別執著，冬天的當時，一早就跑去泡在河裡，也實在瘋狂。

我沒多想地直接說「不」，並已經做好在旁拍照、記錄的準備。

只是，隨興的印度民族、隨性的葛哥哥，在我們十一點吃完早餐後，他心境一轉，竟突然改說要去泛舟。

泛舟，瑞詩凱詩新興的觀光客活動；在一個以瑜珈、靈性聞名的城市，印度人卻能置入如此一個刺激又狂野的休閒活動，簡直是印度在古老與現代各種衝突矛盾間不可思議的違和，又一最佳例證。

凡夫俗子如我，對於靈性的追求並不執著，一聽到泛舟這個沒有嘗試過的遊樂，立即點頭說好。

葛哥哥很快在瑞詩凱詩主幹道上四處可見的泛舟招攬商家中，找到可以立即出發的一

也是穿牛仔褲就來泛舟的印度男孩（照片提供：郭怡珮）

家；我們鞋子一脫，赤著雙腳，也就坐上車頂架著橡皮艇的六人座小包車，以之字形迂迴，沿著環河公路，往恆河上游出發。

到了我們預備登舟的地方時，早有另外一家大小八口等著，他們的成員，從五、六歲的小孫女到五、六十歲的爺爺奶奶都有；我和葛哥哥都同時發現，我們的自我想像太狹隘了，原來，泛舟可以如此老少咸宜；我們都不無遺憾，應該帶葛老媽一起的。

我和葛哥哥都是臨時起意，穿著牛仔褲也就來泛舟了，遊伴一家則顯然有備而來，他們或穿短褲或穿居家棉褲，其中兩位模樣保守的奶奶與大媽，雖是穿著傳統的三件式套裝，卻也同樣寬鬆舒適。

教練沒多說什麼地，一個個幫我們穿上救生衣、戴上安全帽，並一個個發給我們一支槳，我們很快結伴下到河谷。

待遊伴一個個都坐上橡皮艇之後，教練很快指導我們如何握槳、如何划槳、如何聽他口令前進；所有一切都是如此簡單、輕鬆而愉悅，大家都帶著雀躍的心情，歡樂出航，向恆河下游滑去。

遊伴一家，是典型的印度家族旅遊，他們的玩興極高，一家子不時地高聲呼喊「Jai Jai Jai」，那口號，聽起來就像我們在喊「加油 go go go」一樣，即使語言不通，我也能感到那股熱勁。我和葛哥哥都不是嗨咖，因此，一前一後，安安靜靜划水，安安靜靜享受我們都是第一次的泛舟，享受喜馬拉雅山下的恆河景致，享受陽光、享受水。

恆河，由於神祕的宗教色彩，過去，我總聽說她是如何地髒、如何地臭，總聽說她的汙染如何嚴重、河面景象如何慘不忍睹；從沒到過恆河的我，總憑想像揣測她的猙獰，以至於，一直打從心底排斥接觸她的近貌。

然而，從哈里德瓦到瑞詩凱詩，這一路上，我眼下的恆河，靜如平湖，不僅河面總泛著湛藍與清澈的河光，悠淡清雅的河中倒影，更恰似幽靜的少女，即使罩在不知是煙是霧乃或是霾的灰暗大空下，卻

恰似幽靜少女，籠罩在不知是煙是霧乃或是霾的灰暗大空下的恆河。

依舊自有一番眾人皆睡唯我獨醒的佳人在水一方；越到上游，河水越顯冰清，與喜馬拉雅山相互映襯，真正就是一個青山綠水；我與恆河的初遇，是如此詩意。

也於是，我們一開始的河程，十分平順、十分寫意，我們甚至無須划槳，只要坐在橡皮艇上欣賞河景，就可一路順流往下游滑去；槳，幾乎只是娛樂遊客的玩具了。

泛舟，是我從沒想過的娛樂，一直被保護（或被禁錮）在水晶罩中的我，自小到大，玩過最刺激的戶外活動，就是小學郊遊的雲霄飛車；而即使在印度認識瑞詩凱詩這個城市之後，我也只知道是個瑜珈聖城，何曾想過竟會有「恆河泛舟」這玩意兒？

而當然，泛舟如果真的只是如此平靜的順水而流，那麼，也就只能稱之為遊河，而不叫泛舟了。

果然，不久後，前方陸續出現大大小小的漩渦，雖然橡皮艇依舊如輕舟般，翩翩輕盪，但，隱隱竄動的激流，已經可以讓人感受其中暗湧的波濤；教練早早要我們做好預備動作，隨時準備開始划槳。

很快地，我們便遇上第一波逆水了，遊伴一家的「Jai Jai Jai」高呼而起，我們都精神抖擻，嚴陣以待；就在大家奮力划槳、準備衝過逆流時，誰也沒想到，真正最大的考驗，並非划不過那洶湧波濤，而是那迎面襲來、把我們濺得一身哆嗦的水花冰浪！

恆河之水，源自喜馬拉雅山的冰川，冬天的那當時，猶仍夾帶冰氣的凜冽，尖銳如刺，真正是一個寒徹骨啊！

就在大家冷不防地畏縮、收槳，防衛性地將身體蜷成一團，驚呼失聲、張皇失措之際，意外地，已經失去方向的橡皮艇，卻彷如浮萍般飄盪，隨大漩渦轉了個大圈後，逕自旋出那道逆流，在我們都還沒回神時，橡皮艇已經滑入前方平河，回到原來的方向。

霎那間，我突有所感，大自然自有它運行規律，人為的努力，或許能改變些什麼，但，更多時候，順天，或許才是王道。

我們就這樣有驚無險地通過第一道逆流，大家都十分振奮，儼然這才總算是體驗到泛舟的樂趣了。

有了第一關卡的經驗，再遇上第二道激流時，大家都躍躍欲試、奮力划槳，希望可以憑靠齊心之力，直接突破重圍、穿過激流；然而，我們依舊不敵大自然的力量。我們再次任橡皮艇旋入漩渦，再次彷彿水上雲霄飛車般，又是在水中迴旋了大半圈，又是順勢回到平河。

這次的水勢，比起第一次，有過之而無不及，我和葛哥哥的牛仔褲，幾乎都濕了，此時，丹寧布面成了我們最大負擔，我倆都冷得全身哆嗦，牙齒直打顫，眼看前方停了許多橡皮艇，正以為是終點，準備上岸曬太陽、讓身體回溫時，教練卻告訴我們，那是跳水的地方，問著有沒有人要去。

葛哥哥毫不猶豫，立即舉手；橡皮艇一靠岸、船繩的結一打，趁著反正一身濕，便也直接衝鋒陷陣去了。

但見，順著岸邊礁石往上延伸，磊磊大石上，密密麻麻攀爬著身穿各色救生衣的男男女女，視線一路來到巍峨峻峭的跳水嶺上，一個個亟欲大顯身手的好漢，有的毫不猶豫直

只要膽子夠大，在恆河跳水絕對是人生難得體驗。（照片提供：郭怡珮）

接站上嶺峰，做好英勇姿勢，便猛然跳下，有的則戰戰兢兢，掙扎著不敢向前跨步。

平常便總以英雄氣概致勝、頗有大將之風的葛哥哥，自是毫不猶豫直接攀上峰頂、直接跳水的那其中一個，英勇之姿、速度之快，連他上岸前幫我向岸邊伙伕點來禦寒的熱湯麵都還沒煮好，他已經又回到橡皮艇了。

坐在濕得像條落水狗、全身止不住抖的葛哥哥身邊，我悄聲問他怕不怕，他倒也坦然，毫不矯情地說著：「YES」。問他要不要再跳一次，他也毫不逞勇地回答：「NO」。驚險可見一般。

熱湯麵終於送來，但，不管再怎麼熱騰騰，也無法祛除已經緊貼在身的冰冷；幸而，接下來的航程，既長且順，幾乎沒有什麼漣漪，頭頂上的冬陽，雖沒有炙熱到很快將我們的衣服曬乾，倒也暖洋洋，慢慢驅走我們一身的寒氣。

就在我以為已經進入尾聲，突然覺得彷彿在劍橋撐篙似地平靜無波，幾乎就要覺得怎麼無聊起來，也幾乎就要下起定義「泛舟原來不過就是這麼一回事」時，第三個逆流終於到來。

遠遠地，我們就看到那勢如破竹的湍流急勢與磅礴水花，在經過漫長等待後，終於又等到大展身手的機會，大家也都做好「大幹一場」的架式了，遊伴一家的「Jai Jai Jai」呼聲，再次響徹雲霄，我們全都卯足了勁，準備向前划槳。

未料，一入險流，迎面襲

以為是泛舟終點，卻原來是跳水點，岸邊還有販賣咖啡、泡麵等熱食的小販（照片提供：郭怡珮）

來的第一波水濤，就再次把我們濺得一身冰冷；在經過冬陽好一陣子暖烘烘的映照後，猛然又遇到這瞬間的凜冽，全部的人都拉開了喉嚨嘶吼、阿著長音呼嘯，既是釋放，也是驚駭，實在是刺骨難耐啊！

於是，當第二波水濤再次襲來時，自覺無法承受那刺骨冰浪的我，下意識移動著身體，想要躲掉那波水花。

就在屁股離開橡皮艇座位的那一瞬間，天翻了！地覆了！有那麼千分之一秒的時間，我以為自己已經離開，這世界再與我不相干了！

在那千分之一秒的時間裡，有千個念頭閃過：「啊！原來這就是我的一生！」「啊！竟是在這麼遙遠的異鄉！」「噯！人生就這樣了。」「還有什麼是遺憾的嗎？」「還有什麼是不甘的嗎？」「真的就這樣走了嗎？」「怎麼會是如此一個孤單的方式？」「孤單的感覺好差勁啊！」「怎麼沒有人來救？」「會有幾個人和我一起葬身於此？」「新聞將會如何報導這件事呢？」「台灣女子在印度恆河……」

然後，我看見了光，水藍藍與白泡泡交織的光，那是天堂無名的光？還是恆河的水光？

「該死的印度，你們就這樣草菅人命嗎？」

這是第一次，我咒罵起印度來。

就在心有不甘的瞬間，突然，有道水柱往我喉中灌去，我的潛意識抗拒著喝那恆河之水，理性卻搶先跳出：「這裡的水是湛藍的，不髒的，妳喝了吧，不喝會從鼻子嗆出來，妳沒淹死也會嗆死的！」

然後，咕嚕嚕嚕，不管那水柱有多強勁，我一口氣往肚子裡呼嚕嚕全吞了下去。

「還能吞水？那準能再撐一會兒了！」

此時，我發現自己的思維，已經回到人間的正常意識；於是，我努力揮舞雙手，希望能攀住點什麼東西。

原來，不管平時嘴上再怎麼耍帥說著生無可戀生無可戀，然而，真正遇到關鍵的那一刻時，只要還有一線生機，我的求生意志竟是如此強烈！

就在我把整柱的水一口氣呼嚕嚕吞下後，我以僅存的求生意志，喚動全身任何能受支配的神經；接著，我便以僅知的蛙式，將腿奮力一伸、向上一搏。

嘩！又是光。

這次，是天光，有人將我的手搭上護繩了！

「不是夢吧？」

終於浮出水面，緊攫橡皮艇護繩的那一刻，我依舊無法相信發生了什麼事；一直要到橡皮艇上的混亂呈現眼前，看到小女娃在爸爸懷中哇哇大哭，我這才確定，自己是活著的。

攀上護繩後，卻沒有人將我拉上橡皮艇，奄奄一息之際，心中不免生起怨懟，怎麼就此為止？難道就讓我自生自滅？

我繼續載浮載沉，渴望著有誰能快快將我救上。

在混亂中掙扎時，瞥見原來左邊還有一位在我後面才被拉上護繩的人，想著自己剛剛經歷過的千分之一秒，想著對方也許是歷經千分之二秒才看見生命之光的，比上不足、比下有餘，我瞬間強韌，不再掙扎，只是使盡全身力氣，死命抓緊護繩，直到終於出現一隻大手，將我拉上！

已經安坐橡皮艇、餘悸仍存的當下，卻發現葛哥哥不在橡皮艇上，當其他人或哭泣、或擁抱互相安慰時，我瞪大眼睛轉身望向已經被橡皮艇遠遠拋在後方的那道幾乎將我吞噬的激流，說不出話，「這就是我們的結局？」「他還那麼年輕！」

「噢！不！他不會游泳啊！同樣經歷過那千分之一秒的他，在那當下該有多麼恐懼！」我猛直起腰，驚惶地張望四方！

教練很快看到我的恐懼，趕緊指向已經被拋在更遠的後方湍流中的一頂白色安全帽，然後，我的眼睛便再也沒有從那頂白帽移開過；我直盯著白帽飄動的方向，努力想要確認白帽下的身影，一直到那個戴白帽的身軀，被尾隨我們橡皮艇而到的另一艘教練艇救起，慢慢靠近我們，一直到兩雙眼睛終於互相凝視，看到葛哥哥那對因為驚悸而幾乎放大兩倍的瞳仁，我的淚水才慢慢湧動。

當大家終於把葛哥哥接過來安坐在我身邊後，彷彿稍早吞入肚腹的恆河之水，猛然迸發而出似地，我攤在葛哥哥的臂膀上，淚如斷線長珠，再止不住地抽咽。

「謝謝你！謝謝你安全回來！」

這句話，我只在心裡嚎啕，沒說出口；我靜讓淚如恆河之水，奔流不止，直到遊伴一家的奶奶，靠過來親吻我的臉頰，說著：「沒事了，孩子；別哭，孩子。」然後，連驚魂

恆河上游的湛藍水面（照片提供：郭怡珮）

未定的葛哥哥也終於回神地反過來安慰我：「沒事了。」我這才慢慢止住自己的失態。

我們的泛舟之旅，自此進入最後一段的風平浪靜，我們誰也沒記得還要划槳，橡皮艇也就順水而下，飄到終點；教練很快將橡皮艇停靠在河岸的階梯邊，讓我們自行上岸；我們各自脫下救生衣，交回給教練後，彼此連再見都忘記說地，結束這趟幾乎可以結為生死之交的恆河泛舟。

是在劫後餘生、返回德里的路上，《鐵達尼號》的浪漫畫面與淒美樂音，才慢慢於腦海浮現，我和葛哥哥都同聲感慨，沒想到，竟能一起經歷如此驚心動魄的鐵達尼號恆河版之旅；然後，是在又好幾天之後，葛哥哥才告訴我，原來，在我以為已經失去他的同時，他也以為已經失去了我，我們不僅一起經歷過一個大難而回的生死瞬間，也一起經歷過一個以為已經失去對方的「謝謝你安全回來！」

我不知道在恆河上游泛舟翻船的機率有多高，但，彷彿被造物主選定似的，在拒絕與葛哥哥到恆河沐浴的三個小時之後，我不但在恆河裡洗了個一身冰清，還喝了這輩子從沒想過要喝的恆河水，印度人終生追求的極致，無心插柳恆河蘭，一個呼嚕嚕，一次達陣。

在那之後，再遇到猶豫不決、卻步不敢向前的事情時，我總告訴自己：當造物主意欲時，就算再怎麼說著不要，也逃不出造物主的大手，如果那天被恆河召喚去了，那麼，什麼機會也沒有了，所以，有什麼好猶豫的呢？

就這樣，我雖不信恆河女神，但，我在恆河重生。

祝所有來到恆河的旅者也都能找到關於你的生命啟示。

旅遊資訊

1. 瑞詩凱詩：
瑜珈聖地，另有泛舟、健行、露營……等戶外活動

2. 哈里德瓦：印度教聖地

3. 泛舟：有 12 公里、16 公里、24 公里

22 泰姬瑪哈陵是見證

當車子終於往亞穆那高速公路（Yamuna Expressway）疾駛而去的那一刻，我攤在葛媽媽的肩膀上，淚水潸然而下。

與葛洛維全家同遊泰姬瑪哈陵，最早是葛老爹提出來的計畫；關於這個浪漫點子，除了連兩年因為帶團已經去過三次的葛弟弟之外，其他人都不置可否，但雀躍以待。

然而，「印度人講話就像空氣一樣，別當真。」連葛哥哥也對自己國土民情的信用質疑，在很多機會裡，都叫我切莫認真看待葛老爹的任何話。

去不去泰姬瑪哈陵，原本並非我所堅持，除了早在十幾年前已經造訪過、書寫泰姬瑪哈陵浪漫篇章所需的照片已是現成外，泰姬瑪哈的故事，更是雋永恆常，不因我而有新意，我自認為，即使再訪也不能歌頌更多。

然而，美麗的地方，總有一去再去的理由，加上德里與阿格拉（Agra）之間的浪漫交通工具，除了一九六四年完成的泰姬快速火車（Taj Express）外，已經又有一條完成於二〇一二年的亞穆那高速公路，長達一六五公里，是印度目前最長的六線道高速公路；因此，即使只為了體驗在這條高速公路馳騁的快感再去一次泰姬瑪哈陵，我認為也是值得的。

從冬天才剛開始的十二月，我便一等再等，等到葛老爹原本計畫的二〇一七年伊始，又等到我出了兩趟遠門，再回到德里葛家，依舊無聲無響；葛老爹從一開始信誓旦旦的「新年那個星期我們一定會去」，到後來轉為沉默，再到後來只說「再看看」；望穿秋水的我，雖心理上早已做好書寫工作的備案，嘴上卻是不到黃河心不死，天天追問葛老爹：「我們什麼時候去泰姬瑪哈陵？」

和葛哥哥合買一個泰姬瑪哈陵水晶

當春天已經來臨，當德里的人們已經陸續換上短袖，當印度冬居即將結束的最後一個星期，我終於明白葛老爹已經鐵了心取消全家同遊泰姬瑪哈陵這件事，「除非他的婚事訂下，否則我們不可能去泰姬瑪哈陵！」葛老爹竟然改拿葛哥哥的婚事當交換條件。

結婚這麼大一件事，怎麼可能在一個星期內就有結果？我黯然接受現況，終於不再抱持希望，只是悵然地對葛老爹說：「泰姬瑪哈陵將是此行唯一的遺憾。」

意外地，突然又積極提出前往泰姬瑪哈陵的人，卻也是葛老爹；為了一個百分之七十的女孩。

已經三十一歲的葛哥哥，相親無數，卻一

售票處

左：泰姬瑪哈陵的外國人票券在 2006 年是 500 盧比

中：泰姬瑪哈陵的外國人票券在 2017 年已經漲到 1000 盧比，其中 500 是稅金。

右：印度人只要 40 盧比

直還未找到心中那個理想的女孩，總算，這次有個女孩，讓他鬆口：「心裡已經有百分之七十的的聲音說著可以」；而女孩的母親也在短短一個月內，前前後後造訪葛家四次，對這門婚事的期待，不言而喻。

葛老爹突發奇想，決定打鐵趁熱，便拿我當棋子：「我跟他們說，妳很想去泰姬瑪哈陵，剛好他們也想去，所以，你們就三個人一起去吧！」

為了撮合葛哥哥和那個百分之七十的女孩，順便將我的遺憾補全，葛老爹竟能想出如此行程，可謂用心良苦。

只是，「特別的地方，只和特別的人去」，是一種莫名的浪漫堅守；對我而言，已經共擁許多印度美好回憶的葛家人，都是我生命中特別的人，從遙遠的台灣來到印度，只要是和葛家人在一起的日子，即便哪裡都不去也可以覺得每天都很特別。因此，和葛家的任何人去泰姬瑪哈都可以，但，我不想和陌生人一起去，更何況，葛老爹擺明了要我當電燈泡，浪漫主義至上的我，怎能允許這麼不浪漫的事情發生在自己身上。

別說我心裡不願意，似乎，就連葛哥哥也不同意，即使在他心裡已經有百分之七十的聲音接受那個女孩了，但，他仍有著自己躊躇再三的心結無法跨越；於是，為了表示對葛老爹自作主張的抗議，葛哥哥也開始盤算起自己的反骨行程。

便是在那最後一個星期裡，整件事有了戲劇性的變化。

「妳、我、還有媽咪，我們三個一起去！」

既然葛老爹猴急地對葛哥哥下出鐵令：「他不結婚，我就不去泰姬瑪哈陵」，葛哥哥便也如葛老爹所願，乾脆把葛老爹排除在外。

葛哥哥開始在腦海的行事曆裡，重點註記著無論如何要在我離開印度前帶我去泰姬瑪哈陵，而葛老爹也用自己如山的意志，開始百般阻撓我們的泰姬瑪哈陵之行。

在那一星期裡，葛老爹祭出各式手段來勸退泰姬蘭；一開始是哄小孩般的柔性勸導：「你們要去的那天剛好是濕婆節，參加一年只有一次的濕婆節慶典，比去那個隨時都在的泰姬瑪哈陵值得。」後來是恫嚇式的阻止：「阿格拉最近政局不穩，街頭每天都有暴動，局勢很混亂，妳到底知不知道情況！那邊現在很危險！」到最後，葛老爹直接失去風度，嚴聲厲詞吼罵：「泰姬瑪哈陵是愛情的象徵！妳應該跟妳的愛人去！」

葛老爹自知說不贏早已脫離他的羽翼、可以自己振翅高飛的葛哥哥，便只好向看似溫良恭儉讓的我下手，殊不知，我的反骨並不亞於葛哥哥；「濕婆節的慶典年年都有，年年可去，但是，錯過這次機會，再要書寫泰姬瑪哈陵的浪漫篇章，不知又是何時了。」「所以，如果那個女孩也一起去，就沒有暴動問題了？你現在已經開始把我和那個女孩的關係變糟了。」「那是人類給的定義，如果你是個有信仰的人，你就不會這麼說了，難道那些跟團去的人都是傻子？」

我把葛老爹自以為無懈可擊的反對理由，一個個擊破、一個個駁回。

本來是葛老爹與葛哥哥的父子之爭，竟演變成葛哥哥與我輪番向葛老爹挑戰威權的跨國世代溝通；兩

男女分開進行安全檢查，看到那麼長的人龍時，特別慶幸有花錢請導遊，因為他知道怎樣用最快的方式帶你進去。

個原本都抱著去不去泰姬瑪哈陵其實無所謂的人，順勢發展，站成同一陣線，只為了讓葛老爹臣服事實：這世界不是只能繞著你轉。

只是，我離開印度的時間一天天逼近，眼看已經來到倒數第三天，眼看葛老爹又一次成功阻止我和葛哥哥已經訂好的行程了；那天，葛老爹甚至不惜再一次取消自己承諾的濕婆節慶典，連哄帶騙地直接將我帶到那個百分之七十的的女孩家裡，讓我呆坐一旁，看他盡情享受他理想中的生活進行式，看他和女孩與女孩的母親暢談一整個下午；葛老爹用盡心機，甚至告訴她們，我特地取消泰姬瑪哈陵行程，只為了要見女孩一面！

「如果一定要讓那個女孩加入，我們才能去泰姬瑪哈陵，那麼，就讓那個女孩加入吧。」我向葛哥哥發出放棄與葛老爹對戰的訊息；對我而言，就算當電燈泡也無所謂了，只要可以去泰姬瑪哈陵，至少也算和局。

我以為自己已經看清楚葛老爹的盤算，然而，知父莫若子，只有葛哥哥知道自己父親的算盤；如山意

左：進入泰姬瑪哈陵主殿必須穿鞋套或赤腳，在售票處便有鞋套販售。
右：從入口處開始，就已經進入監視範圍。

志的老爹，就能生出如鋼意志的兒子；就在葛老爹自以為就要把我在印度的倒數日子消耗完畢、讓我和葛哥哥哪兒也不能去，就在葛老爹自信一切都將照著他的棋盤走完結局的那個倒數第二晚，葛哥哥亮出一張東方泰姬酒店的旅館訂單，向所有人宣告，他即將帶我到泰姬瑪哈陵度過印度的最後一晚！

彷如戰敗的公雞，葛老爹沒再對泰姬瑪哈陵一行發出任何叱語，也沒再對他總在親友間引以為豪的我說過一句話，他只在我戰戰兢兢牽著葛老媽的手向他道別之時，雙手合掌地對我說：「謝謝妳，真心謝謝妳，謝謝妳終於要離開我們的家了！」

我無法理解葛老爹到底是什麼腹水，我也不知道葛哥哥到底是什麼盤算，一直到上車之際，我都還不相信我們真的已經聯手贏得這場已經失焦得不知為何而戰的戰爭。

當車子終於往亞穆那高速公路疾駛而去的那一刻，我攤在葛老媽的肩膀上，任淚水潸然而下；想著印度行旅最後幾天與葛老爹如洗溫泉般忽冷忽熱的關係，想著與葛哥哥意外共同創造出的印度浪漫終篇，晶瑩的淚水下，我以簡訊告訴葛哥哥：「真不敢相信我們真的可以一起去泰姬瑪哈陵。」

「嗯。」葛哥哥以他一向的寡言回覆。

東方泰姬酒店（Orient Taj），位於阿格拉主幹道法特哈巴德（Fatehabad）路上，是一個蒙兀兒莊園式建築的五星級飯店，占地十八英畝；壯麗的景色、中古歐洲油畫般的雅逸，置身其中，彷彿遁入天堂。

葛哥哥費心訂下的，是官網首頁用來宣傳的豪華套房，還未重訪可遠觀而不可褻玩的

上：人人都想抓住泰姬瑪哈陵，你抓到了嗎？
下：如果真有什麼，泰姬瑪哈陵是見證。

泰姬瑪哈陵，我們便已提早享受浪漫的泰姬瑪哈意境；在如夢似幻的蒙兀兒宮廷莊園裡，我與葛老媽、葛哥哥，一起經歷我們彼此生命中都是最奢華的第一次，雖然在我們心底都隱約明瞭，這樣三個人的組合，關係實在很容易被誤會，然而，是什麼樣的因緣造就如此一副祥和的「我們仨」，已經無法再去詳究，重點是，我們真真實實共度了一個曼妙的泰姬瑪哈之夜。

屬於泰姬瑪哈陵的宏偉與壯觀，屬於泰姬瑪哈陵的傳奇與愛情，我無法歌頌更多，然而，隔天那個風和日麗的早晨，在泰姬瑪哈陵輝映

上：泰姬瑪哈陵正在進行從 17 世紀興建至今的首次「美白」工作，預計以 9 年時間完成，截至 2017 年 2 月止，四座尖塔已經完成三座，只剩一座還搭著鷹架。

下：黛安娜王妃形單影隻坐過的長椅，後來威廉王子與凱特王妃也儷影羨人坐過；歷史上的巧合，是否隱含愛情的寓言？

下，在彼此都閃爍著異樣光彩的眼神中，我和葛哥哥都心底明白，如果可以把「愛」字無限延伸、無限擴大，那麼，我們的確已經共譜一個全新的泰姬瑪哈之純愛篇章了。

結束泰姬瑪哈陵之行返回德里後，我就著當天的一身風塵，在葛老媽、葛哥哥與葛弟弟的陪伴下，回到葛家打包行李，然後，連衣服都沒時間換，便在他們的陪伴下，直接前往機場、飛回台北。

這年的印度冬居，意外地，就在泰姬瑪哈陵畫下浪漫句點。

最早提議此行、最後卻百般阻撓此行、使其變成一個曲折故事的葛老爹，無心插柳促成的會是什麼，沒有人知道，而如果真有什麼，那麼，泰姬瑪哈陵是見證。

願所有來到泰姬瑪哈陵的朋友，也都能創造一番屬於自己的浪漫篇章。

旅遊資訊

1. 交通：

從德里到阿格拉，搭車由亞穆那高速公路只要兩個小時車程，單日可以來回。

2. 住宿：

東方泰姬酒店訂房資訊：
http://wyndhamgrandagra.com/rooms.php

3. 濕婆節（Maha Shivaratri）：

「濕婆」是印度教的三大主神之一，濕婆節由來眾說紛紜，有說是濕婆的成道日，有說是濕婆的結婚紀念日，有說是濕婆的生日；重要的慶祝活動通常從前一夜開始，很多虔誠的信徒會守夜祈禱，並於隔日進行齋戒。

後記

赴一個兩百年之約？

好像演了一場戲，入戲太深，回到台灣後，依舊無法下戲；我一步一徘徊，幾次已經跨出門外，幾次又踅回門邊，忍不住探頭，思索著與葛家認識這五年多的兩千多個日子，越結越深的這不知是什麼緣分。

在離開葛家約莫一個半月後，在一次不經意的閒聊中，我才向蘇尚提起在哈里德瓦那天，祭司把我名字寫入族譜的事情。

然後，蘇尚幾乎尖喊出聲的回覆，再次深深震撼了我。

葛蘭： Do u know? 你知道嗎？
In that day we went to haridwar 去哈里德瓦那天，
My name was also writting into that book. 我的名字也被寫入那本書了，
I don't know what it means for all of u?
我不知道對你們所有人而言，那有什麼意義？

葛弟弟： Which book 哪一本書？

Ohhh lol 噢哈

ahahahahahahahahahahahahahahahahahahahahahah

啊啊啊啊啊啊啊啊啊啊啊啊啊啊啊啊啊啊啊啊啊啊啊啊啊啊啊啊啊啊啊

（一連串膜拜貼圖）

You are that Old Queen 妳是那個古老的皇后

葛蘭： What it means? 什麼意思？

葛弟弟： Spare your children and ur empire 拯救妳的帝國和妳的孩子，

All Hail the Queen 從冰雹中，這位皇后；

This world has repeated itself by the reincarnation of the Queen 200 long years

這兩百多年來，因為這位皇后的轉世，這世界不斷地重複；

This is a blessing to this World 這是對世界的祝福，

葛蘭： Ur（膜拜貼圖）means thanks or please？ 你這次這個貼圖是在說謝謝？還是拜託？

葛弟弟： Oh My God..we cannot believe as written in books

噢！我的天，我們不敢相信像書裡寫的一樣

That She will rebirth Again 她將會重生，

And Come to her home where everyone will be clueless abt

並且回到她的家，而每個人都對這件事無知！

Oh My Queen 噢！我的皇后，

My Great　我偉大的，

（膜拜貼圖）

We found our master　我們找到我們的主人了

葛蘭：Soooooo big story… 這～～～～麼長的故事……

葛弟弟：I tok to you speak to yu　我跟妳說話　跟妳說話

葛蘭：And daddy asked get out from that house twice….

而爹地兩次叫她離開那個房子……

Tell him that story naaaaaaaa　告訴他那個故事哪哪哪哪哪哪哪哪

如果蘇尚的故事是真的，那麼，每個人在自己一生當中的尋尋覓覓，於我，也就有了答案，我從此只想靜靜過日，再不追求什麼了。

只是，如果我相信那故事是真的，那麼，我等於也催毀了自己已經信仰多年的生活價值，畢竟，印度教與伊斯蘭教，在宗教觀上，是完全牴觸的！

信與不信，不只是信仰問題，甚至是操守問題了。

我該以葛老爹讓我離開為終點，讓往事如煙，讓所有浪漫回憶隨風而去？還是該以蘇尚的故事為起點，等待另一個屬於葛洛維家族的篇章？

我應該開始？還是應該結束？

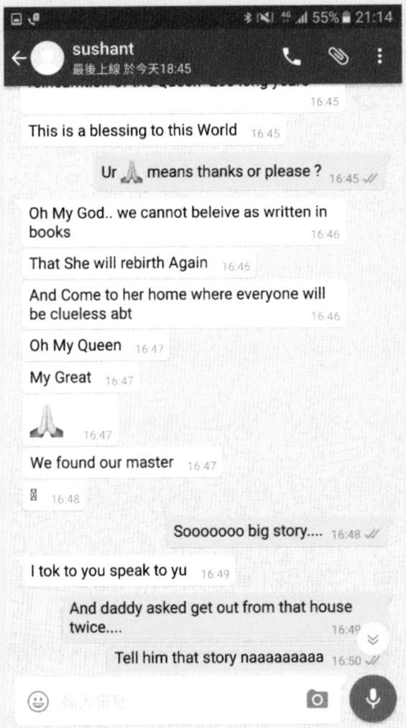
55% 21:14
sushant
最後上線 於今天18:45
16:45
This is a blessing to this World 16:45
Ur means thanks or please ? 16:45
Oh My God.. we cannot beleive as written in books 16:46
That She will rebirth Again 16:46
And Come to her home where everyone will be clueless abt 16:46
Oh My Queen 16:47
My Great 16:47
16:47
We found our master 16:47
16:48
Sooooooo big story.... 16:48
I tok to you speak to yu 16:49
And daddy asked get out from that house twice....
Tell him that story naaaaaaaaa 16:50

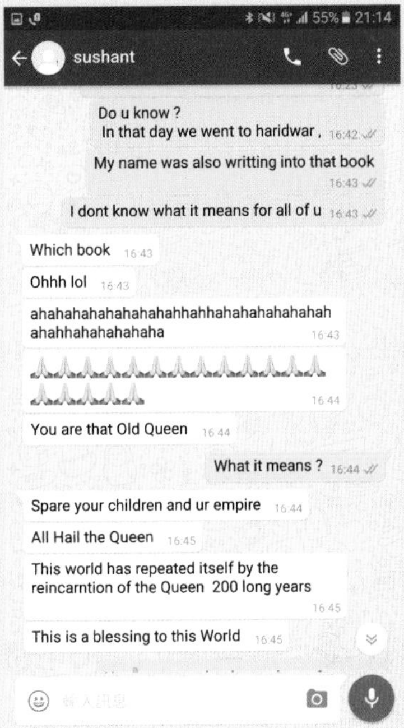
55% 21:14
sushant
Do u know ?
In that day we went to haridwar , 16:42
My name was also writting into that book 16:43
I dont know what it means for all of u 16:43
Which book 16:43
Ohhh lol 16:43
ahahahahahahahahahhahhahahahahahahah ahahhahahahahaha 16:43
16:44
You are that Old Queen 16:44
What it means ? 16:44
Spare your children and ur empire 16:44
All Hail the Queen 16:45
This world has repeated itself by the reincarntion of the Queen 200 long years 16:45
This is a blessing to this World 16:45

國家圖書館出版品預行編目資料

浪漫遊印度：愛上印度的 22 個理由 / 亞瑟蘭著
-- 初版 -- 臺北市：瑞蘭國際, 2017.08
224 面；17×23 公分 --（PLAY 達人系列；04）
ISBN：978-986-95158-2-5（平裝）

1. 旅遊文學 2. 印度

737.19 106012601

PLAY 達人系列 04

浪漫遊印度：愛上印度的 22 個理由

作者｜亞瑟蘭
責任編輯｜林家如、王愿琦
校對｜亞瑟蘭、林家如、王愿琦、江美云

視覺設計｜劉麗雪

董事長｜張暖彗・社長兼總編輯｜王愿琦・主編｜葉仲芸
編輯｜潘治婷・編輯｜林家如
設計部主任｜余佳憓
業務部副理｜楊米琪・業務部組長｜林湲洵・業務部專員｜張毓庭
編輯顧問｜こんどうともこ

法律顧問｜海灣國際法律事務所　呂錦峯律師

出版社｜瑞蘭國際有限公司・地址｜台北市大安區安和路一段 104 號 7 樓之 1
電話｜(02)2700-4625・傳真｜(02)2700-4622・訂購專線｜(02)2700-4625
劃撥帳號｜19914152 瑞蘭國際有限公司・瑞蘭國際網路書城｜www.genki-japan.com.tw

總經銷｜聯合發行股份有限公司
電話｜(02)2917-8022、2917-8042・傳真｜(02)2915-6275、2915-7212
印刷｜宗祐印刷有限公司
出版日期｜2017 年 08 月初版 1 刷・定價｜360 元・ISBN｜978-986-95158-2-5

瑞蘭國際

瑞蘭國際

瑞蘭國際

瑞蘭國際